二十世纪前期日资在华企业的演变
——以本溪湖煤铁公司为例

周飞 ◎ 著

中国社会科学出版社

图书在版编目(CIP)数据

二十世纪前期日资在华企业的演变:以本溪湖煤铁公司为例/周飞著. —北京：中国社会科学出版社，2016.8
ISBN 978-7-5161-8811-8

Ⅰ.①二… Ⅱ.①周… Ⅲ.①外资公司—企业史—研究—中国—20世纪 Ⅳ.①F279.296

中国版本图书馆 CIP 数据核字(2016)第 205143 号

出 版 人	赵剑英
责任编辑	张 浩
责任校对	冯英爽
责任印制	李寡寡

出　　版	中国社会科学出版社
社　　址	北京鼓楼西大街甲 158 号
邮　　编	100720
网　　址	http://www.csspw.cn
发 行 部	010-84083685
门 市 部	010-84029450
经　　销	新华书店及其他书店

印　　刷	北京明恒达印务有限公司
装　　订	廊坊市广阳区广增装订厂
版　　次	2016 年 8 月第 1 版
印　　次	2016 年 8 月第 1 次印刷

开　　本	650×960　1/16
印　　张	13.75
插　　页	2
字　　数	158 千字
定　　价	48.00 元

凡购买中国社会科学出版社图书，如有质量问题请与本社营销中心联系调换
电话：010-84083683
版权所有　侵权必究

序

钞晓鸿

一般认为，企业是盈利组织，以向社会提供产品（或服务）而获得收益，追求利润最大化是其不懈追求。在现代社会，企业也起到优化资源配置的作用。循此思路，企业史研究，就需要围绕利润收益而展开，相应地考察其产权形式、资金筹措、组织管理、生产销售、利润效益等。在中国历史上，古往今来的企业数不胜数，如何深化企业史研究是需要思考的问题。

中国古代某个企业的史料一般是零星的、不成系统的，研究者纵然深思熟虑，而苦于从史料中所获信息相当有限，在论从史出这一原则之下，常常只能望洋兴叹了。有定力、勤留意之人，加上好的机遇或运气，发现古代某个企业商号的账簿等资料，已是如获至宝。此类史料，心短者秘不示人，收藏者居为奇货，更别说文物贩子待价而沽了。偶有胸怀大志、献身学术之士，慷慨将此类材料公布于众，真是以飨读者，泽惠学林。今天我们翻阅此类公布材料，还心存感激，若无前贤的造化遗泽，我辈难为无米之炊。

■ 二十世纪前期日资在华企业的演变

　　到了近代特别是现代，正是企业发展变化、更加名符其实之时，企业数量增多，企业留下的档案也相当丰富。然而，除了以前挑选整理、出版公布一些档案之外，现存各地的企业档案，纵有发掘，但显然远远不够。明清及其以前之企业，学界常常因缺少企业资料而发愁，而近现代企业，学界却因企业档案庞杂而畏惧。庞杂归庞杂，毕竟比没有好。若有恒心恒力，理出个头绪来恐怕只是个时间问题。当然，若每一企业都详加梳理，亦非一己之力所能完成，如此选择哪类企业及其档案就有讲究，那些影响面广、类型意义强、研究价值高的企业可能就是上乘之选了。

　　以上所说是对于企业自身的研究，这方面固然重要，但企业从来都是一个社会的产物，与当时、当地的社会存在千丝万缕的联系。地缘关系、社会秩序、经济水平、消费需求、自然资源等，均与企业的发展密切相关。若是跨国或中外合资的企业，其运营与发展将不可避免地受到国际秩序、地缘政治、国家之间的关系等非经济因素的影响。考察这些因素也就成为深化企业史研究的视角与方向。而从社会来看企业，则企业不仅是个盈利组织，也具有社会效益与道义责任。一个只顾赚钱而漠视员工生活、唯利是图而缺乏社会责任的企业，纵然一时赚得盆满钵盈，其生命也不会长久；而为法西斯战争服务的企业，必将受到历史的谴责与审判。

　　周飞在撰写博士论文期间，围绕本溪湖煤铁公司这一牵涉面广、档案丰富，而学界却鲜有问津的企业展开学术研究，我们就史料发掘、问题意识、写作思路常常切磋讨论。虽然并非史学科班出身，但他迎难而上，扬长补短，竭力完成了论文写作，并且就某些学术问题提出了自己的观点与认识。我见证并体会到他求学期间的辛酸与苦乐,也为他积极进取、奋发有为而窃喜。如今以博士学位论文为基础的著作就要正式出版,除了衷心地祝贺之外,也祝福周飞博士在学术研究中取得更大的成绩!

是为序。

目　录

绪论 ……………………………………………………（1）
　第一节　选题缘由 ………………………………………（2）
　第二节　学术回顾 ………………………………………（5）
　第三节　资料来源 ………………………………………（16）
　第四节　概念说明 ………………………………………（18）
　第五节　研究框架 ………………………………………（20）

上　篇

第一章　大仓独占时期（1905—1910年） ………………（25）
　第一节　自然条件与开发历史 …………………………（27）
　第二节　日本的入侵 ……………………………………（32）
　第三节　经营的状况 ……………………………………（43）
　第四节　中国的抗争 ……………………………………（45）

第二章　中日"合办"时期(1911—1930年) ……………(48)
　　第一节　公司成立 …………………………………(49)
　　第二节　组织机构 …………………………………(56)
　　第三节　生产经营 …………………………………(64)
　　第四节　控制权变化 ………………………………(88)
　　第五节　利润转移 …………………………………(93)

第三章　三方联办时期(1931—1945年) ………………(98)
　　第一节　公司改组 …………………………………(100)
　　第二节　组织机构的改变 …………………………(110)
　　第三节　运营情况 …………………………………(113)

下　篇

第四章　公司扩张 ………………………………………(119)
　　第一节　厂区扩张 …………………………………(119)
　　第二节　子公司 ……………………………………(128)
　　第三节　投资公司 …………………………………(130)

第五章　"产业开发五年计划" ………………………(134)
　　第一节　计划的提出 ………………………………(135)
　　第二节　计划的实施 ………………………………(137)
　　第三节　计划的成效 ………………………………(142)

第六章　劳工问题 …………………………………（147）
　　第一节　劳工来源 …………………………………（147）
　　第二节　工作状况 …………………………………（153）
　　第三节　薪资待遇 …………………………………（162）
　　第四节　生活情况 …………………………………（164）

结语 …………………………………………………（171）
附录 …………………………………………………（175）
参考文献 ……………………………………………（191）
致谢 …………………………………………………（207）
后记 …………………………………………………（209）

绪　　论

中国近现代史从某种意义来讲是一部列强对华的掠夺史。自从丧权辱国的《南京条约》签订以来，中国的各种权益不断丧失。这不仅包括割地、赔款、通商、驻军等，还有以矿权、林权为代表的自然资源被掠夺。"资源优势即森林、煤炭的开发和土地的充分利用都受到相当的重视。但是，在半殖民地或殖民地的状态下，资源的开发与开发目的是为殖民国家的自身经济发展服务的，资源是殖民国家掠夺的目标。"① 列强对这些资源的侵占，不仅使中国丧失了部分主权和巨大经济利益，而且也为某些国家发动和扩大侵略战争提供了战略资源保障，日本就是其中之一。

日本原本是一个封闭自守、自然资源极度匮乏的岛国，直到 1853 年被美国的船坚炮利打开国门，转而开始全面向欧美国家学习，并取得了很好效果。近代以来，日本在政治上完成全国统一，设府置县，并颁布《明治宪法》，将权力高度集中在天

---

① 步平：《东北边疆开发与近现代化进程》，《学习与探索》1993 年第 3 期。

皇手中；经济上施行新税制，使国库的收入明显增加，由于引入先进的科学技术，使工业和农业生产都取得了质的飞跃；军事上向德英学习陆军和海军的建军模式，拥有了一支现代化军队；教育上扩大受众人群，大力提倡全民学习西方的科学技术知识。但改革的同时，有些方面则朝着相反的方向发展。政治上《明治宪法》并不是一部民主宪法，虽然政体上实行君主立宪制，但权力仍高度集中在天皇之手，而且军队拥有高度的独立性，这就为后来的军方"绑架"政府埋下了祸根；经济上产业发展严重失调，过度倾向军事工业，国内逐渐形成垄断经济，导致了一批财阀的产生；军事上强调西方治军模式与武士道精神相结合，极力强调忠君思想，使军人成为极端民族主义思想者，如此等等。总之，日本的改革在使其国力大增的同时，也向对外发动侵略战争埋下了祸根。1905年，随着日俄战争的结束，日本军国主义势力开始以前所未有的速度在中国东北蔓延开来，"九·一八"事变之后更是达到了独占东北的境地，并不失时机地掠夺中国资源。

  本书以东北地区的一个企业为切入点，通过系统发掘档案等原始资料，考察1905年至1945年间本溪湖煤铁公司从产生到发展变化的整个过程，进而探讨日资在华企业的资金筹措、生产销售、经营管理等问题，冀以深化对中国近现代企业史的认识。

第一节　选题缘由

  中国近现代史需要在前人的研究基础上再出发、再深化。学者们曾采取不同的思路进行中国近代史研究，如蒋廷黻主张先编史料再写论著，李鼎声和陈恭禄也有著名的"话语"之争①。改革开放之后，"中国中心论""冲击—反应论""传统近代论"等研究模式对近代史研究产生了深远的影响，但不可否认，这些只是历史研究可供选择的模式，而不能代替丰富的具体研究与其他研究路径，更不能以中国的史料给某些观点作注脚，而需要开辟其他的路径、史料与论题。而近现代时期，外资在华企业史研究就是实现这一深化的有效途径。特别是企业的管理、运营以及资本筹措等方面还比较薄弱，值得我们去认真研究。

中国地域广阔，区域差异明显，加之近现代时期的特殊国情，所以就需要我们结合具体的区域、具体的背景来进行具体研究。由于中国各地自然条件、资源禀赋、社会经济条件以及政治背景、地缘政治等方面有所不同，因而所形成的企业性质及其发展变化各具特色。无论把区域史研究看作是一种新的方法论取向，还是一个全新的领域②，都要求我们在承认区域差异的前提下，借助区域社会的研究视野和方法，更好地研究中国近现代的企业史。

中国东北在20世纪前期有着一定的特殊性。首先，东北曾沦为日俄战争的主战场。这场战争改变了列强在东北的势力格局，复杂化了地区形势；其次，东北是最早被日本侵略者全面占领的地区，并且成为以后日本全面侵华的重要据点。东北与中国其他

---

① 欧阳军喜：《20世纪30年代两种中国近代史话语之比较》，《近代史研究》2002年第2期。
② 戴一峰：《区域史研究的困惑：方法论与范畴论》，《天津社会科学》2010年第1期。

地区所面临的情况有所不同，需要在具体研究的过程中区别对待，尤其在近现代企业史的研究过程中，会发现因日本在中国各地的"存在"程度有所不同，直接决定了中日"合办"企业的经营管理、资本筹措、利益分割以至在实际控制权等问题上有所不同甚至大相径庭。这就要求我们在认清这个历史阶段，重视东北地区具体状况的前提下，扎扎实实地做好近代东北地区的企业史研究。本书所选取的此类企业，位于笔者的家乡本溪。

本溪不仅有长长的地下溶洞，火红的满山枫叶，蜿蜒的太子河，还有丰富的地下矿藏。它是一个因盛产钢铁而闻名的山城，本溪钢铁集团公司（以下简称"本钢"）是这个城市最大的国有企业，城市里的人们好像多少都与这个企业存在联系。在这个仅有一百余万人口的城市里，就有十多万人是本钢的职工，可以说，每个大家庭里至少有一名本钢职工，甚至很多人就生活在因矿而兴的乡镇里。但对于笔者来讲，它是既熟悉又陌生的地方，本钢之前的煤铁生产笔者并不知晓。后来，笔者离开家乡去外地求学，在远离家乡的同时，却与它走得更近了——这就是，笔者在这里找到大量的有关本钢早期历史的原始档案，可以深化对家乡、企业史的研究。

本溪市档案馆所藏本钢的原始档案，仅1905—1948年就多达一千余卷，时间上跨越了日本大仓财阀建立的本溪湖煤矿阶段，中日"合办"本溪湖煤铁公司阶段，大仓财阀、满洲重工业株式会社（以下简称"满重"）和伪满洲国政府联办时期，国民政府行政院资源委员会管理时期；地域上包括牛心台煤矿、庙儿沟铁矿、宫原矿区等；内容涉及公司的人员构成、机构设置、工资明细、报告书、值班以及生活记录、买卖契约等，几乎无所不包。如此大量原始资料的发现,引起了笔者很大兴趣,并在随后的研究中发现,迄今为止该档案鲜被利用,具有系统利用的学术价值。

本书希冀以本溪湖煤铁公司(以下简称"煤铁公司"或"公司")为例,着重探讨20世纪前期日资在华企业的演变缘由、过程、结果以及影响。在研究的过程中,纵向以大仓独占时期、中日"合办"时期、三方联办时期为时间轴,考察不同历史阶段公司在生产经营、人事安排、机构组织等方面的情况;横向上以公司扩张、产业开发五年计划(以下简称"五年计划")、劳工问题为切入点探究公司的发展思路、战略构想和管理制度。并在充分认识中国近代史的特殊性以及地域差异的前提下,提出自己的观点和深化企业史研究的视野与路径。

第二节 学术回顾

学术史回顾是专题研究的基本前提,是推动学术研究的必要环节。杜维运先生曾说:"历史研究,有如奔腾的江流,前后相拥,波澜万千,没有研究已至止境,后人的研究,不断代替前人的研究。新陈代谢,生生不已,于是成为历史研究的特质。所以史学家不能不综合前人的研究成果,以作新研究的起点。"[①] 以下分别从本溪湖煤铁公司研究、大仓财阀研究和企业史研究三个方面来进行回顾。

---

① 杜维运:《史学方法论》,北京大学出版社2006年版,第83页。

一　本溪湖煤铁公司的研究成果

《本溪湖煤铁公司之调查》①系列成果问世于1931年，由《河南中原煤矿公司汇刊》连续刊载。作者以当事人的视角，对企业的沿革、位置、组织、煤矿、扩张计划、采煤法、安全灯、工作次序、煤质、选矿表、选洗煤场、工作状况、开采法、抽水机、通风法、实际工作、各井出水状况、井内外运输法、设备能力和庙儿沟铁矿等多个方面逐项进行了详细叙述，是一份不可多得的研究史料。

潘喜廷等编写的《红色的矿山——本溪煤矿史》②一书分为悠久的历史、初期的斗争、地下怒火、黎明前的战斗、解放了的矿山、跃进的时代、幸福的生活7个部分。全书从底层劳工的角度去考察公司，颂扬可歌可泣的劳工斗争，并对日本的残酷统治、国民党当局对煤铁公司的强行侵占等种种行为进行了批评与控诉。该书强调中国共产党让人民翻身做主，使没有人权的劳工变成了为社会主义服务的工人，歌颂在党的领导下，广大工人开创公司的新局面，工人生活水平不断得到提高。该书完成于1962年，具有明显的时代烙印，政治色彩浓厚，而且对煤铁公司的制度等方面并无详细叙述说明。不过，该书对于系统研究本溪湖煤铁公司还是具有重要的参考价值。

《本溪煤铁公司与大仓财阀》③是20世纪80年代为编纂《本

---

① 佚名：《本溪湖煤铁公司之调查》，《河南中原煤矿公司汇刊》1931年第3期。
② 潘喜廷等：《红色的矿山——本溪煤矿史》，辽宁人民出版社1962年版。
③ 本钢史志编纂委员会：《本溪煤铁公司与大仓财阀》，内部资料，1988年。

钢志》而将日文文献『大仓财阀の研究・大仓と大陆』[①]中第5章予以翻译，一直作为公司的内部资料进行使用。在翻译过程中，对行文甚至标点符号基本没有作出改动。该书的《前言》指出，对于本溪湖煤铁公司这一战时特殊企业，应该着重从三种视角进行观察：一是从日本资本对中国的输出方式上进行探讨。值得关注的是"合办"虽然是日本民间资本与中国官方资本的结合，更具体地说是与中国的地方政府进行的合作，类型上自然属于"官外合办"，但自始至终日本政府和军方起着至关重要的作用。"九·一八"事变后，中方管理层被日驱逐，这时候"合作"的双方迅速转变为大仓财阀、日本军方与伪满政府，这是值得注意的。二是把公司作为日本资本主义再生产构造上的重要一环。本溪湖煤铁公司与昭和制钢所、朝鲜三菱兼二浦制铁所、清津制铁所共同构成了日本殖民地圈内的炼铁基地。煤铁公司规模远不及昭和制铁所和兼二浦制铁所，但随着战事的发展，公司的投资总额与前者持平，而且公司生产的低磷铁和炼焦煤也具有举足轻重的地位。三是搞清公司作为大仓财阀事业的一环的地位和任务。大仓财阀大量的资本都投入到本溪湖煤铁公司中，当然也收到了良好的经济效益，可以说是成功投资的典范。但随着"五年计划"的开始，公司扩张所需资金超过了大仓的承受能力，因而不得已对公司进行改组发行社券，公司的经营方针也由大仓对公司的绝对控制变为公司左右大仓了。[②]

[①] 大仓财阀研究会：『大仓财阀の研究・大仓と大陆』，近藤出版社1982年版。
[②] 《本溪煤铁公司与大仓财阀》着重从日本资本对中国的输出方式；公司作为日本资本主义再生产构造上的重要一环；公司作为大仓财阀事业活动一环的地位与任务；新中国成立之后公司实际仍是继承旧公司继续发展这4个方面进行探讨，但本书讨论的是从公司建立到日本人撤离这个时间段（1905—1945年），因而不涉及第4个方面。

■ 二十世纪前期日资在华企业的演变

《本钢志》[①]（第 1 卷）[②] 分为上、中、下 3 册，讲述了公司成立至 20 世纪 80 年代公司的发展历史。全书划分为地理、沿革、现状、大事记、矿山系统、冶铁系统、施工系统、动力系统、辅助系统、科教系统、服务系统等多个部分，新中国成立之前的部分篇幅很小，因而对于本书主题而言，参考价值有限。

刘万东《从本溪湖煤铁公司看日本帝国主义对我国东北的经济侵略》[③] 一文，从侵略过程、企业控制权、剥削压榨中国工人、镇压工人反抗、掠夺数量、榨取利润 6 个视角进行了研讨，对两次增资与两次借款、雇佣劳动制和封建把头制等进行了深刻剖析，对于研究劳工问题，尤其是工人运动史不无裨益。

徐梗生《本溪湖之煤铁》[④] 以由土法开采到日人强占、中日合办时期、请减出井税的失败、请减报效金的成功、两次借款和人与法 6 个部分，对煤铁公司历史展开了回顾，总结出从中日双方的不同立场出发，本溪湖煤铁公司的制度、管理等方面是不可能达到有机运作的，文章还探讨了公司的实际中方——奉天省政府与中央政府之间的博弈。

从现有研究本溪湖煤铁公司的成果来看：史料上，主要依靠大仓财阀的内部档案，尤其是日本政府与大仓、煤铁公司之间的往来函件等资料；方法上，广泛采用历史比较法、统计法、计量法，有的以时间顺序对公司进行叙事式研究，有的以公司和大仓

---

① 本钢史办公室编：《本钢志》，辽宁人民出版社 1989 年版，第 4 页。
② 目前《本钢志》只有第 1 卷，2013 年本溪钢铁（集团）有限责任公司开始启动第 2 卷的编纂筹备工作。
③ 刘万东：《从本溪湖煤铁公司看日本帝国主义对我国东北的经济侵略》，《辽宁大学学报》（哲学社会科学版）1982 年第 2 期。
④ 徐梗生：《本溪湖之煤铁》，《新经济》1942 年第 1 期。

财阀的关系变化为线索进行比较研究。以前研究的成就主要在于，日文资料来源丰富，可以在很多问题上形成公司与外界的互动。不足之处在于，对公司的内部档案利用很少。笔者发现了大量的此类档案，尤其是涉及制度、人事、管理等方面的资料，非常值得发掘利用。

二 大仓财阀的研究成果

大仓财阀是本溪湖煤铁公司的创立者，而且是公司发展的前40年（1905—1945）的实际拥有者，无论是大仓独占公司阶段、中日"合办"阶段还是大仓、关东军、伪满政府联办阶段，公司重大决策的制定和实施者都是大仓。本溪湖煤铁公司的创办和发展凝聚了大仓的毕生精力，是其在华众多企业中投资最多的。

"九·一八"事变之前，大仓财阀直接在中国东北投资的企业达17家之多。分别是林业方面，鸭绿江制材公司、兴材公司、鸭绿江造纸株式会社、本溪坑木株式会社、兴林造纸公司、共荣起业（企业）株式会社和华森制材公司；矿业方面，本溪湖煤铁公司、铜铁公司和安东制炼所；铁道方面，溪城铁路公所、金福铁路公司和奉天电车株式会社；化学方面，满洲石碱株式会社、满洲油漆株式会社和朝鲜肥料株式会社；农牧业方面，华兴公司。[①]其中，投资金额最大的当属本溪湖煤铁公司。『大仓财阀の研究·大仓と大陆』是日本大仓财阀研究会的代表成果之一，全书分为初期大仓的对外活动、大仓财阀对中国投资、大仓财阀在山

---

① 大仓财阀研究会：『大仓财阀の研究·大仓と大陆』，近藤出版社1982年版，第337页。

西省的经营活动、满洲与大仓财阀、本溪湖煤铁公司和大仓财阀、日本钢铁业与大仓财阀、大仓纺织的成立和发展7个部分。显而易见，书中的第5部分就是讲述大仓财阀与煤铁公司的关系，并以公司不同发展时期为节，对公司成立、经营、合办、发展战略做了充分翔实的论述。在其他6个部分中，也能找到很多与煤铁公司创立和发展相关联的信息。

日本学者大山梓认为，日本民间资本进入东北方面，本溪湖煤铁公司仅略晚于规模很小的沈阳马车铁道公司，两者均为大仓财阀所创立。① 可以这样说，财阀资本是日本民间资本的主要力量，大仓财阀则是财阀资本的急先锋。安藤良雄凭借统计数据判断，尽管大仓财阀想凭借煤铁公司的煤炭来奉承军方，但到1938年，无论大仓做出怎样的努力，产量也达不到军方的要求。②

关于大仓财阀的研究成果更多汇集在『大仓财阀の研究・大仓と大陆』这部著作中，该书认为大仓喜八郎是一个典型的政商。甲午战争爆发之前，中国台湾是他最重要的产业基地。他在登陆中国大陆之前，以借款的方式做了很多铺垫，经营重点转向中国大陆后，采取直接投资、借资以及合办等多种形式迅速扩大自己的产业，不仅在中国的东北地区，华北的山西省同样拥有发展矿业的良好条件，因而山西也是其投资重点。

三 企业史的研究成果

中国近代企业史研究既包括中资设立的企业，也包括外国独

---

① 大山梓：『日俄战争的军政史缘』，芙蓉书房1973年版，第215页。
② 安藤良雄：『日本经济政策的史论』下册，东京大学出版会1976年版，第258—262页。

资或参与的在华企业研究。目前对中国企业史研究回顾的主要成果有：《中国近代企业史研究概述》① 一文，文章对中国近代企业展开了历史性的回顾，详细叙述了不同时期企业史的研究状态、代表成果、进步与不足等；《"网络"视野中的中国企业史研究述评》② 对中国近代企业利用"网络"模式取得的成果进行整理归纳，文中指出采用跨学科的研究方法来研究企业史是大有可为的；《近代中国企业研究的回顾与前瞻》③ 在肯定海外学者对于中国企业史研究分期的基础上，还介绍了海外、港台的研究动态以及研究的新趋势；《香港企业史研究概览》④ 一文在对香港企业史进行科学分类的基础上，详尽地列举了海内外对香港和内地企业史的研究成果，并指出外国投资、中国投资、华侨投资等在研究过程中没有形成有机的统一体是香港企业史研究的薄弱环节。

从时间方面来讲，中国的企业史研究起步较晚。新中国成立之前仅有票号⑤和银行⑥等少数特殊的行业或企业的历史得到重视，其他相关领域的研究成果寥寥可数。新中国成立后至"文化大革命"前，厂史研究是主流，且多从政治角度考量，因而学术价值有限；"文化大革命"十年间，企业史研究仍然很少；"文化大革命"后二十余年，企业史研究呈欣欣向荣之势发展，题材变

---

① 李玉：《中国近代企业史研究概述》，《史学月刊》2004年第4期。
② 皇甫秋实：《"网络"视野中的中国企业史研究述评》，《史林》2010年第1期。
③ 张伟东：《近代中国企业研究的回顾与前瞻》，《生产力研究》2013年第12期。
④ 李培德：《香港企业史研究概览》，《史林》2008年第2期。
⑤ 主要成果如：陈其田：《山西票庄考略》，商务印书馆1937年版；卫聚贤：《山西票号史》，说文社1944年版；潘子豪：《中国钱庄概要》，上海书店1931年版等。
⑥ 主要成果如：大清银行清理处：《大清银行史》，大清银行清理处1915年版；王志莘：《中国之储蓄银行史》，生活书店1934年版等。

■ 二十世纪前期日资在华企业的演变

得多种多样,成果颇丰;进入 21 世纪,以《大公司与关系网:中国境内的西方、日本和华商大企业（1880—1937）》①为代表的"网络式"②企业史研究模式开始兴起,成果斐然。但近代企业制度史方面仍然是较为薄弱的一环,值得我们去不断研究。

从史料整理角度看,《近代华侨投资国内企业史资料选辑》③是较早问世的成果之一,全书分为广东、福建、上海等卷,该书编辑人员长期深入粤、琼、闽、沪,通过实地调查得到原始资料,并对其中的档案等文献资料加以整理。④该书不仅涉及地域广阔,而且对华侨所投资的工业、矿业、农业、交通业、金融服务业乃至房地产业都有详细说明,是研究中国近代资本主义发展史、中国近代经济史、近代华侨史,特别是中国近现代企业史的第一手宝贵资料。⑤《中国企业史·古代卷》⑥揭示了中国企业的萌芽阶段,即雏形时期向社会提供各色产品的经济单位是如何进行人员调配、管理经营、生产销售的,熟知以上历史对于研究中国近现代企业史大有裨益。《中国企业史·现代卷》⑦一书参考了相关论

---

① [美] 高家龙:《大公司与关系网:中国境内的西方、日本和华商大企业（1880—1937）》,程麟苏译,上海社会科学院出版社 2002 年版。
② 皇甫秋实:《"网络"视野中的中国企业史研究述评》,《史林》2010 年第 1 期。
③ 林金枝、庄为玑:《近代华侨投资国内企业史资料选辑（福建卷）》,福建人民出版社 1985 年版;林金枝、庄为玑:《近代华侨投资国内企业史资料选辑（广东卷）》,福建人民出版社 1989 年版;林金枝:《近代华侨投资国内企业史资料选辑（上海卷）》,厦门大学出版社 1994 年版。
④ 汪慕恒:《〈近代华侨投资国内企业史资料选辑（福建卷）〉一书简评》,《南洋问题》1986 年第 1 期。
⑤ 夏南林:《〈近代华侨投资国内企业史资料选辑（广东卷）〉一书出版》,《华侨华人历史研究》1990 年第 3 期。
⑥ 郑学檬:《中国企业史·古代卷》,企业管理出版社 2002 年版。
⑦ 韩岫岚:《中国企业史·现代卷》（上）,企业管理出版社 2002 年版;张用刚:《中国企业史·现代卷》（中）,企业管理出版社 2002 年版;张用刚:《中国企业史·现代卷》（下）,企业管理出版社 2002 年版。

著、年鉴、通鉴、大事记等多种资料，讲述从 1949 年至 1978 年的企业历史，总结出这 30 年中国企业从社会形态、生产力、经济运行特点以及经济发展历程等方面具有鲜明的时代特征，并重点研究国营、集体、私营、个体等不同性质企业的发展历程、科技升级、生产破坏与恢复、对外交流、性质变化等问题。《中国企业史·典型企业卷》[①] 开篇以鞍山钢铁集团公司为例对企业的历史进行概述，明确企业在国民经济中的重要地位和作用，从经营管理、人事组织、生产销售等方面总结经验教训。该书共涉及百余个企业，是宏观研究中国企业史不可多得的资料。《中国企业史·台湾卷》[②] 对自清代以来不同历史时期的台湾企业创办和发展进行回顾，指出在清政府、日本和国民党先后统治下，企业发展背景、性质、政策等方面均产生过剧烈变化，并且对台湾企业的国际化经营、海峡两岸经贸关系、典型企业发展历程、企业主要社团组织等分别进行了研究。

从主题看，对华侨、归侨投资企业的研究，其中不仅包括以上提及的上海、福建、广东和海南地区，因为自鸦片战争以来，有全国多地在外华侨、归侨在国内投资设厂。改革开放之后，兴起的洋务运动企业研究是一股很大的学术浪潮。国内的夏东元、张国辉、李时岳等，海外的费维恺、陈锦江等走在该项研究的前列。上海轮船招商局、福州船政局、汉冶萍公司等洋务企业的研究取得了令人瞩目的成果。上海社科院利用英美烟公司、太古洋行、沙逊洋行等企业档案，对外国在沪企业研究成果斐然，他们

---

① 刘海燕：《中国企业史·典型企业卷》（上、中、下），企业管理出版社 2002 年版。
② 韩清海：《中国企业史·台湾卷》，企业管理出版社 2003 年版。

■ 二十世纪前期日资在华企业的演变

还借助国民政府"中国经济统计研究所"对全国工矿、商业、农村调查资料，上海"正信律师会计师事务所"对上海千余家企业调查报告，上海各家经济类报刊报道整理成的剪报，对国内的企业研究也取得了丰硕成果。①

方法上，以上研究采用了计量法、统计法、历史比较法以及考据法，即在充分对企业形成和发展进行科学量化基础上，通过数理分析研究企业在产生、发展甚至消失阶段的原因及影响。本书则对企业档案资料进行充分搜集和精细考订，最大程度还原企业历史的真实面目。同时，还借助经济学、管理学等多个学科的研究方法，对企业的人事组织、管理制度、生产经营等多方面进行细致考察。

虽然中国企业史研究取得了长足的进步，但也存在着明显的不足。现有研究多着力于企业的人事、资本、生产、经营等环节，而忽略了对企业制度的考察。无论是官办企业、商办企业、外资企业还是联办企业，企业制度的形成都有着深层的历史原因，不是简单地用"官督商办""官商合办"等就能概括的。

因而，笔者希冀通过对本溪湖煤铁公司的研究，在企业史的制度研究方面有所推进。煤铁公司是在战争的历史背景下，由日本强行建立的工矿企业。企业经历了大仓独占时期、中日"合办"时期和三方联办时期。从性质上讲，煤铁公司在不同阶段，有外国独资、中外合资的企业性质，特殊之处在于有伪满政权的参与。甚至可以这样说，大仓独占时期，公司的决策依

---

① 陆兴龙：《研究企业历史推动企业发展——〈中国企业史资料研究中心〉简介》，《上海经济研究》1992年第3期。

据并不是大仓所能决定的;"合办"时期,也非真正的权力平等;联办时期,更不是协商式管理经营。这些特点决定煤铁公司制度有一定的特殊性,且存在着"变"与"不变"两个层面。"变"的是由于资本组成的主体发生了变化,企业人事组织、管理方法均不同;"不变"的是无论是几方共有这个企业,企业发展的大政方针不是以市场为导向,而是以日本扩大侵略战争进程为经营的决策性依据,但企业的实际管理权始终掌握在大仓手中。

笔者在整理相关资料的过程中,始终带着3个问题去解读的,试图在这些方面有些突破:(1)公司的投资、管理形式、不同时期实力消长变化及其原因;(2)公司与国外联系,着重探讨公司对于日本军事上的作用以及中日关系的影响;(3)公司对地方社会有什么样的影响,甚至环境影响。熟读了相关资料,尤其是与其他相似的工矿企业进行对比之后,发现该公司在产品销售走向、资金来源、劳工组成等多个问题上均有特殊之处。笔者又结合相关的其他档案、报刊、专著、论文等,认为本溪湖煤铁公司在中国近代工业史、企业史、经济史研究中占有特殊的地位。工业生产方面,规模既不像开滦煤矿、汉冶萍公司那样庞大,煤铁产量也逊色于近邻抚顺煤矿和昭和制钢所[①],但其拥有的优质焦炭和低磷铁可以说是独树一帜;企业制度方面,不及轮船招生局那样拥有传奇故事和悠久历史,也不像太古、沙逊集团等企业留下大量档案,可以为学者长时间研究,但在早期中外合办企业

---

① 即现在的鞍钢,1916年名为立山制钢所,1917年更名为鞍山制铁所,1933年再次更名为昭和制钢所。

中，它与财阀的关系，以及双重管理模式方面均有特殊之处；经济思想方面，不如官督商办和国外独资企业那样有鲜明特征，但它与战时经济相结合，随着日本在国际和中国战场的形势变化而变化也是其特点之一。

总之，通过对本溪湖煤铁公司的再研究，使笔者在一些问题上的认识更加深入。例如，公司产品用途仅仅作为军事战略资源吗？资本筹措只是采取现金注入吗？日本施行"五年计划"的真正推手是谁？游离在《矿务章程》监管之外的公司是如何运作发展的？我们如何在现有基础上推动企业史研究？

第三节　资料来源

从专门研究煤铁公司资料来讲，本溪市档案馆的馆藏档案无疑是本书的资料基础。馆藏全宗第124号档案，共有1166卷，时间从1905年大仓设厂到1948年本溪解放，内容包罗万象。人事组织方面，机构组织一览表、委任状、职员名簿、佣员登记簿、义勇奉公队名单、人事调动材料、家属名册等项目齐全；管理制度方面，会议通知、预算书、公债内译、出勤统计、工资计算表、资金管理清单、账目制度、工程契约书、移交清册等门类多样；生产销售方面，实验总结、采掘方案、生产报表、作业状况统计表、原料分析表、作业日报等不一而足。这些丰富翔实的资料是研究公司历史尤其是企业制度史、日本在华投资、中外"合办"企业、中日关系、大仓财阀等问题的宝贵资料。

专业志方面除了上文提到的《红色的矿山——本溪煤矿史》《本钢史》《本溪煤铁公司与大仓财阀》和《本钢志》外，还有

《商办本溪湖煤铁有限公司创立十周年纪念写真贴》[①]《商办本溪湖煤铁公司写真帖》[②] 和《本钢画册（1905—1989）》[③] 为研究煤铁公司提供了宝贵的图片资料；《本溪工人反帝大风暴——1927年本溪湖煤铁公司"八·二三"大罢工》[④] 对劳工的生存状况和抗争活动有细节描写，反映了日本侵略者极力压榨劳工的邪恶本质；《百年机修：纪念本钢第一机修厂建厂100周年（1910.5—2010.5）》[⑤] 和《本钢运输部志（1905—1985）》[⑥] 描述了井下运煤从背驮肩扛到矿车运输，是研究公司生产进步的可靠依据；《本钢职工总医院志（1916—1985）》[⑦] 透露出职工医院的建立是劳工不断斗争的结果，也从医疗卫生这个侧面反映出公司对于劳工的管理思想；《本钢焦化厂志》[⑧] 记录了公司的优质产品——焦炭的生产和销售情况，以及煤铁公司焦炭产品对于整个伪满重工业发展具有不可替代的作用。

调查报告类有《本溪湖、碱厂间铁道调查报告书》[⑨]，此系列报告记录了日本侵略者为加快掠夺资源，不惜血本兴建铁路，以

---

① 商办本溪湖煤铁有限公司：《商办本溪湖煤铁有限公司创立十周年纪念写真贴》，内部资料，1920年。
② 商办本溪湖煤铁公司：《商办本溪湖煤铁公司写真帖》，内部资料，1930年。
③ 本钢画册编辑部：《本钢画册（1905—1989）》，辽宁人民出版社1990年版。
④ 本溪市总工会工运史编写办公室：《本溪工人反帝大风暴——1927年本溪湖煤铁公司"八·二三"大罢工》，内部资料，1985年。
⑤ 《百年机修》编委会：《百年机修：纪念本钢第一机修厂建厂100周年（1910.5—2010.5）》，内部资料，2010年。
⑥ 本钢运输部志编纂委员会：《本钢运输部志（1905—1985）》，内部资料，1990年。
⑦ 院志编纂委员会：《本钢职工总医院志（1916—1985）》，内部资料，1984年。
⑧ 《本钢焦化厂志》编委会：《本钢焦化厂志》，内部资料，1989年。
⑨ ［日］南满洲铁道株式会社庶务部调查课：《本溪湖、碱厂间铁道调查报告书》，内部资料，1928年。

及产品对外销售的细节;《本溪湖煤铁公司报告》① 是联系煤铁公司与大仓、经济统制会的文件汇总,是研究大仓财阀、伪满经济的重要史料。此外还有『大仓财阀の研究・大仓と大陆』等兼论煤铁公司的著作、期刊、报刊等,在此不再一一列举。

第四节 概念说明

由于该企业在不同历史时段使用不同名称,为避免混淆,以下做简单的梳理。本溪的太子河地区早在一千多年前的辽代就开始产铁,明代的辽东都指挥使司的二十五卫中也设有铁场,清代该地开始借助窑洞之利的同时出产铁和煤。"从嘉庆到道光初年,以本溪为中心,采掘附近庙儿沟、牛心台、火连寨和八盘岭的铁矿石来炼铁,本溪逐渐成为辽南铁器制造的主要供给地。"② 而煤铁公司在不同的历史时期下,使用过很多名称,以下进行简要介绍:

从 1905 年至 1910 年是大仓创办和独占公司阶段。在日俄战争刚刚结束的背景下,日本军商两界拉开了共同剥削中国的序幕。首先是关东都督府批准了大仓财阀的申请,使大仓喜八郎堂而皇之地侵占了本溪湖煤矿,然后将这一非法建立的煤矿命名为"本溪湖大仓煤矿"。煤矿不仅给大仓带来了巨大的经济利益,同时也为日本侵略者长期占据奉天地区提供物资保障。

从 1911 年至 1931 年"九・一八"事件爆发,这个阶段是中日双方"合办"公司阶段。由于公司的业务不断扩展,名称也发

---

① 虞和寅:《本溪湖煤铁公司报告》,《矿业报告》农商部矿政司,1926 年。
② 潘喜廷等:《红色的矿山——本溪煤矿史》,辽宁人民出版社 1962 年版,第 3 页。

生了两次变化。1906年，日本政府迫于西方各国和中国舆论和抗议压力下，授意大仓与中国"合办"该煤矿。经过长达5年谈判后，终于同意本溪湖煤矿由大仓财阀独享改为中日"合办"，双方各持有一半股份，"合办"后煤矿更名为"商办本溪湖煤矿有限公司"。从1911年至1912年，清朝与民国历史性更替之际，大仓喜八郎以旧账为要挟，逼迫晚清政府同意公司兼营冶铁事务，自顾不暇的清政府最终妥协，1912年公司改称为"本溪湖商办煤铁有限公司"开始矿石开采和冶铁业务，公司的发展步入了快车道。

1931—1945年，即从"九·一八"事件爆发日本全面占领中国东北到侵略者战败撤出。公司股东不仅发生了变化，而且在日本施行统制经济大背景下，一度被收编到垄断集团中。1935年，伪满洲国实业部与大仓财阀签订新的出资协议，公司改称为"本溪湖煤铁股份有限公司"，正式成为"满洲国法人"。随着时局的转变，1938年公司改称"株式会社本溪湖煤铁公司"。1944年，法西斯败局已定，日本整合全部的军事资源妄图进行最后的挣扎，将公司并入统制机构序列，并更名为"满洲制铁株式会社本溪湖支社"。

1946年，国民政府行政院资源委员会接收了公司，更名为"行政院资源委员会本溪煤铁有限公司"。1948年10月，本溪地区解放，中共东北局将公司更名为"东北行政委员会工业部本溪煤铁公司"。经过3年的恢复生产，到了1953年3月，公司根据国家计划和业务需要，公司正式向中央主管部门申请，将"本溪煤铁公司"更名为"本溪钢铁公司"，并迅速得到了批准。次月，煤矿部从公司划出，单独成立本溪矿务局。恢复时期，公司还在苏联帮助之下在齐齐哈尔建设了"本溪钢铁公司第二钢厂"即北满钢厂。1954年北满钢厂从公司划出，直属重工业部钢铁工业管理局领导。2010年6月，公司与其他国企重组，形成了现今辽宁省最大的国有企业——本溪钢铁（集团）有限责任公司。

上文频繁出现"本溪湖"和"本溪"两个地名，在此做一简单解释。"本溪"源自"本溪湖"，"在现溪湖区大堡北山崖下，有一个天然溶洞，洞内湖水澄澈，宛若杯水，又因洞壁曲拱，状如犀角，故称'杯犀湖'"[1]，时间一久，当地人就谐音把它读成"本溪湖"。本溪湖因其湖面仅有15平方米，因而创造了一项吉尼斯世界纪录[2]——世界最小的湖，而早在几十年前，本溪湖就已经引起世人的关注。

本溪湖在本溪县治西二里山麓之下，山多石少土，窿然巨窟，景颇奇特，湖内积水，深碧湛然，黛蓄膏汀，沉沉无声，莫测其浅深。[3] 光绪三十二年（1906）清政府设立本溪县，隶属奉天府，政治中心（县治）在牛心台煤矿附近，经济中心就在本溪湖地区。1945年本溪县升格成了本溪市，今天的本溪市下辖4区2县，溪湖区就是其中之一。因本书涉及时段的史料多以"本溪湖煤铁公司""本溪湖煤矿"存在，因而题目和行文选取"本溪湖煤铁公司"而非"本溪煤铁公司"。

第五节　研究框架

除绪论与结语外，本书分为上下两篇，各三章。上篇以时间

---

[1] 本钢史办公室编：《本钢志》，辽宁人民出版社1989年版，第4页。
[2] 2010年，本溪市申报的"世界最小的湖——本溪湖"最终获批，成为第2346号吉尼斯世界纪录。
[3] 澂瑜：《纪本溪湖》，《大亚画报》1929年第163期。

（1905—1945）为主线，纵向探讨公司从被大仓财阀建立到完全撤离公司的全过程。下篇以主题为导向，对贯串于公司几十年发展的一些核心问题进行了研究，特别是公司对外经济联系，在日本要求扩大生产情况下的相关问题。

上篇部分：第一章讲述大仓的势力是如何深入本溪地区，并将公司建立起来的，以及在1905—1910年公司的生产经营情况，兼顾这一系列举动引起了中方怎样的抗议，并交代该处的自然地理条件和历史背景。第二章考察公司最终实现"合办"的复杂过程，并细致分析公司是在什么样的人事和机构组织的领导下运转的，以及中日双方在不停地博弈中，最终制定了相关制度规定。由于国际市场的强大需求，以及日方对于战略物资的热切渴望，公司的生产和销售情况总体来说还是效果不错的，尤其是优质煤和低磷铁等产品在任何时候都处于供不应求的状态。但就在双方共享丰厚利润的阶段，日方以发展要紧跟国际市场为借口，不断要求扩大生产规模。这样一来，双方资本平衡被打破，不仅中方的股份和利润开始转移到日方手中，就连岌岌可危的实际控制权也名存实亡了。第三章是以"九·一八"事变为起点，着重讨论日本军国主义完全占领煤铁公司之后，如何把公司与日本的军事绑架在一起的。随着军国主义的不断扩张，日方对于战略资源的需求越来越强烈，对公司产品需求越来越大，公司为此在规模上不断壮大，产品在生产出来之后都迅速用在军事扩张的用途上。但日本政府和军方认为，大仓以这样的速度扩大生产并不能适应战争的需要，所以他们企图采用引进更大财阀资本来重新整合资源，与伪满洲国政府联合等形式剥夺大仓对公司的实际控制权。大仓喜八郎在此刻展现了强大的公关能量，最大限度地将公司控制在自己手中。因而此部分所探讨的中心是，在中方资本和管理人员完全退出公司后，公司的组成等方面所发生的变化，以及大仓喜八郎为控制权与日本相关各方展开的博弈。

下篇部分：以公司的扩张、"五年计划"背景下公司的应变以及劳工三个问题为切入点，从横向来考察煤铁公司组成、运营、制度等方面情况。第四章考察公司在自身经营之外，为获得更多的利润进行的投资活动。可以说，无论是设立子公司还是入股其他公司，都取得了比较好的经济效益。但相对于公司本身的经营，此类其他投资实际所得还是比较有限的，没有对公司大的走向产生过决定性的影响。第五章研究在日本政府和军方大力推行"五年计划"的大背景下，公司是如何进行调整和适应的。此章较为细致地考察了这一计划的出炉过程，并指出了该计划无论从生产力还是生产关系来看都有些不切实际。不过，煤铁公司在这样大的时代背景与计划之下，把生产引上了军事扩张主义的快车道。第六章着重讨论公司的劳动力问题。通过对劳工来源、工作状况、薪资待遇以及生活情况的分析，揭示这些劳工的生产和生活问题。

上 篇

上篇细致考察1905—1945年煤铁公司的发展历程，大致说来，可以分为"大仓独占""中日合办""三方联办"三个历史阶段。在不同时期，公司的规模、制度、生产、经营有所不同，甚至存在很大的差异。其主要原因有：一是公司卷入了日本谋求军事扩张的巨大旋涡之中；二是公司内部不同力量之间的相互博弈。

第一章　大仓独占时期
（1905—1910 年）

本章着重探讨大仓财阀随日军进入本溪地区后，开采煤炭资源、兴建"本溪湖煤矿"的前因后果。本溪地区煤藏丰富，冶铁业历史悠久，大仓组充分利用这些优势，在此投资建厂，在生产和经营上均达到了历史新高，以至与军方的合作关系亦更加紧密。

铁路是近代文明的重要标志之一，而在中国，与之相伴的还有"屈辱"。在东北地区，自1898年始，俄国等外国资本主义渐次入侵，兴修铁路，打破了东北边疆的封闭状态，[1] 但同时亦开掠夺东北资源之肇端。例如，沙俄在铺设铁路的同时，将眼光更多地投向铁路沿线的丰富矿产资源。1898年，中俄签订《东省铁路公司续订合同》，对矿务相关事务这样规定："准公司在此枝路（支路）经过一带地方，开采、建造、经理铁路需用之煤矿，计斤纳价。"[2] 即俄国修建及运营铁路所需之煤矿，只要"计斤纳

---

[1] 步平：《东北边疆开发与近现代化进程》，《学习与探索》1993年第3期。
[2] 宓汝成：《帝国主义与中国铁路（1847—1949）》，上海人民出版社1980年版，第401页。

■ 二十世纪前期日资在华企业的演变

价"，可就地取材于铁路沿线。换言之，中国在丧失铁路筑路权的同时，亦部分丧失了煤炭资源的开采经营权。实际上，路权的丧失会进一步导致沿线其他权利的丢失，正如有的学者所言，"铁路具有集中资本的特性，通过铁路占有或操纵，又可以控制铁路沿线的矿山"①。于是，俄国在取得东北铁路权之后，便试图进一步扩大该项权利范围。1899年，先后经华俄道胜银行和驻华公使格尔斯斡旋，试图以建立南满铁路支线的名义，将铁路铺至北京。②

1900年，义和团运动兴起，关内动荡局势，沙俄乘机出兵侵占漠河；③而当八国联军攻占北京之时，沙俄则以十八万军队入侵至东北，④由此逐渐确定了其在东北的绝对优势地位。沙俄官员甚至叫嚣着要吞并中国东北，比如陆军大臣库罗巴特金就露骨地说要用刺刀把满洲变为第二个布哈拉⑤。如前所述，东北地区矿产资源开采历史悠久，其中大部分为民间运营，方法原始，技术落后。清政府对民间开采基本持否定态度，强行驱逐民间开采者，将矿藏收归国有。不过，利益并未落入清政府之手。沙俄凭恃强大武力，强迫吉林将军长顺、黑龙江将军萨保、盛京将军增祺与之签订矿务相关条约，东北地区的矿权丧失殆尽，而且其影响迅速地波及其他地区。

---

① 孔经纬：《中国工商业史上的几个问题》，辽宁人民出版社1957年版，第30页。
② 宓汝成：《帝国主义与中国铁路（1847—1949）》，上海人民出版社1980年版，第91页。
③ 陈真：《中国近代工业史资料》第3辑，生活·读书·新知三联书店1961年版，第567页。
④ 李治亭主编：《东北通史》，中州古籍出版社2003年版，第586页。
⑤ 布哈拉：今乌兹别克斯坦第三大城市，中亚最古老的城市之一，1868年曾遭到沙俄军队的入侵。

第一章　大仓独占时期(1905—1910年)

在清末，今本溪地区暂未设县管理，虽偶有盗贼，整体局势还算平静。光绪二十九年（1903），日俄之间就朝鲜和中国东北的权益展开明争暗斗，俄国试图独霸中国东北的权益，日本对此则强烈不满。双方都在加紧备战，而日本则率先发难。[①] 日俄战争的爆发将现今的本溪地区迅速卷入巨大的旋涡，因而战争甫一结束（1905），盛京将军赵尔巽便上奏清廷，将辽阳州、兴京抚民厅、凤凰厅等所属部分地区划出，设置本溪县。次年，该提议得到了中央的批准。

日俄战争改变了本溪地区的交通状况。该地区一直以太子河上的小船和陆地上的马匹为主要运输工具，交通不甚便利，[②] 这无法满足日本运输战争物资的需求。在未经中国政府允许的情况下，日本擅自修筑了从奉天到安东的铁路，连接起中国东北与其殖民地朝鲜半岛。

第一节　自然条件与开发历史

一　煤铁公司（本溪地区）的自然条件

现今本溪市的幅员与设县之时相差不大，东西约长184公里，南北约宽87公里，形似哑铃，总面积约为8348平方公里。东邻吉林省通化，西接辽阳、鞍山，北靠沈阳，南连丹东，区位优势较为明显。县境虽以山区为主，但交通条件较为发达，既有传统的水路、陆路运输线，铁路沈丹线（原安奉线）贯通县境，也有

[①] 杨余练等：《清代东北史》，辽宁教育出版社1991年版，第279—280页。
[②] 佚名：《调查：奉天本溪湖矿产之调查（附表）》，《矿业联合会季刊》1923年第3期。

27

■ 二十世纪前期日资在华企业的演变

从本溪至田师付的路线。这些条件既是当地矿产资源开发的前提，又在发展过程中不断得到完善。而本溪湖煤铁公司在此投资建厂，并从初建时的小规模发展为体系健全、规模庞大的集团公司，首先是基于该地有丰富的矿产资源。

该地的地质条件优越，素有"地质摇篮"的美誉。"区内广泛地发育着太古界鞍山群、上元古界辽河群、古生界、中生界、新生界地层，并有不同时期岩浆岩侵入和中生界岩浆喷出，有多种岩石类型和完美而典型的地质构造现象。"① 因此，境内蕴藏着煤、铁、石灰石、铜、铅、铀等数十种矿藏，其中尤以煤、铁以及石灰石的储量最为丰富。众所周知，煤和铁是近现代工矿业发展中至为重要的原料，而石灰石也被广泛应用，"石灰，一名白垩，多用饰壁"② 。大量的优质煤和富铁矿，为这个钢铁之城的兴起奠定了基础。

煤矿遍布本溪地区，而且很早就为西方专家探明。"奉天本溪湖煤田面积三千四百余公亩，煤系覆于奥陶纪石灰岩之上，而煤系之上有为砂岩及石英岩。煤田之东有斑状火成岩。煤系中之植物化石曾经德人李希霍芬氏采集，申克（Schenk）氏研究，谓属于上石炭纪。法人柴来（Zeillcr）氏覆加考虑，则谓当属于二叠石炭纪。一九〇八年日人横山氏复有新得，但亦谓其时代当属于二叠石炭纪。一九二一年余往本溪湖参观采得植物化石颇多。其中如 Neuropteris flexuosa, Calamites Cistii, Annularia stellata, Cordaitis principalis 诸种，自中石炭纪至二叠纪均能有之不足为确

---

① 本钢史办公室编：《本钢志》，辽宁人民出版社 1989 年版，第 6 页。
② 民国《兴京县志》卷 13《物产》，第 21 页 b。

定时代之标准。又如 Lepidodendron Oculusfelis 为中国特有之种，在开平煤田甚为常见，自唐山石灰岩上至最高煤层以上均能有之。又如 Pecopteris arborescens, P. cf. densifolia 以属于上石炭纪者为多，但二叠纪下部亦能有之。又如 Teniopteris multinervis 则为法国下二叠纪之标准化石。又如 Pteropbyllum carbonicum 似有疑义，申克氏始创此名，其后亦当疑为 Poa-cordaites 之误矣。本溪湖煤田地质与开平似属同时，其植物化石中已有下二叠纪之新种，但为数不多。而石灰纪之旧种犹多继续存在。故就大体而言，谓之二叠石炭纪可也。"① 据此，本溪煤田的煤质与国内其他煤矿区之煤炭相比，不仅没有丝毫劣势，甚至在杂质含量等方面优于别处煤。

铁矿方面，仅庙儿沟一处所蕴藏的铁矿石数量就多得惊人，而且在品质上属优质矿。"庙儿沟铁矿为太古界水成□质矿床，其围岩为含有云母、绢云母及石英之片岩，含富矿三层，夹于含铁质石英片岩中。上层为细粒质松之磁铁矿结晶，质量均佳，含铁在百分之六十以上。露头延长约一百五十公尺，宽约十八公尺，中下两层质量较差，含铁质之石英片（含矿）分布较广，储量亦丰，惟含铁仅在百分之三十左右。据最近满铁及伪满产业部调查，含铁百分之三十三之贫矿有227兆公吨，含铁百分之六十至六十八富矿约三兆公吨，全区总储量为二百三十兆公吨。"② 迄今，庙儿沟铁矿仍是亚洲最大的露天铁矿，埋藏浅，储量大，开采较为容易，是个天然的聚宝盆。

---

① 马底幼：《奉天本溪湖煤田之地质时代（节译）》，《地质汇报》1924年第6期。
② 佚名：《第七次中国矿业纪要：各省矿业近况》，《地质专报》1945年。

二 采煤、冶铁的悠久历史

本溪地区煤铁业历史悠久，早在汉代就已发现。宋元时期，大规模煤田被陆续发现，"泥煤，出时和保上漏河；石炭，出长康保老君庙"①，原始的采煤业开始兴起。辽代，本溪太子河地区已经开始土法冶炼；到了明朝，冶铁业开始规模化。在本溪湖东10里的威宁城（今威宁营），设有"铁坊百户所"，管辖分布其附近的5处铁场。据史料记载，其中最早的一处铁场设于永乐九年（1411），铁场在威宁城东。此后，又相继在平顶山（今本溪市内的平顶山）、连州峪（今本溪县山城子公社磨石峪和柜子石一带）、阴湖屯（今本溪市溪湖区）和窑子峪（今本溪县偏岭窑子峪）各设一处铁场。可见，其地位在辽东地区举足轻重。

入清以后，采煤、冶铁业在本溪地区更加兴盛。雍正时期，本溪地区取得了中央政府发放的"龙章特许"；乾隆四十年间，"有煤商民人李化良，在北溪湖（本溪湖以北）之下窑处，领票一张；程有仁在北溪湖之新洞沟处，领票一张，共开煤窑二座，……乾隆四十七年间，有煤商民人赵进孝，在北溪湖之黄旗沟处，承领煤票一张，开窑一座，输纳税课在案"②。据《盛京通志》记载：本溪湖山城（辽阳州）东120里，峰峦回抱，多产煤铁，本溪湖发源于此。可见，本溪湖地区的采煤、采矿、冶铁业长盛不衰。"乾隆初年，本溪曾有23座煤窑同时开采。同治年间（1862—1874）除本溪湖之外，在小市、田市付沟和赛马集（今属丹东凤城市管

---

① 宣统《怀仁县志》卷11《物产》，第31页a。
② 彭泽益：《中国近代手工业史资料（1840—1949）》第1卷，中华书局1962年版，第329页。

辖）都设有炼铁场，生产军械、农具和日用家具。农具和家具销往东北各地，并出口朝鲜。此时，可谓本溪地区古代冶铁事业发展的鼎盛时期。"①

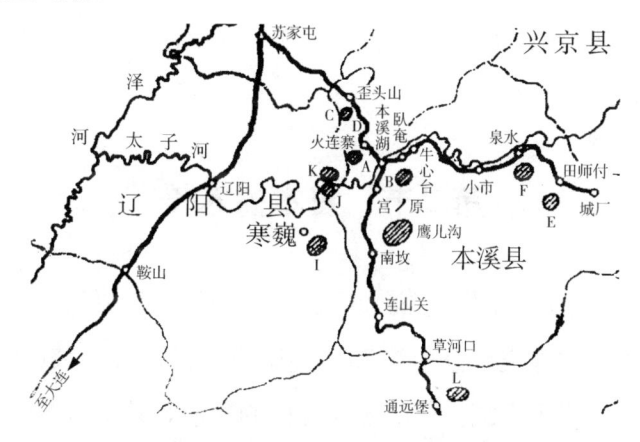

图 1　本溪湖周围及 10 处铁山 12 矿区所在地

资料来源：大仓财阀研究会：『大仓财阀の研究・大仓と大陆』，近藤出版社 1982 年版，第 532 页。

本溪地区的采煤业是当时全省唯一的煤炭产地。矗立在本溪湖畔的《重修保安寺碑记》记载：凡我溪湖，铁矿、煤窑，利益无穷。碑文最后所列施主的名字中有"山西太原府孟县清池村张聚武施：正中黄缎帐幔一联、银十四两"②，说明最晚在道光年间，本溪的煤铁业就与山西产生了某种联系。由此可见，从汉至清，本溪的煤矿与铁矿不断地被发掘，原始的煤窑和冶铁场相继建立。一座座煤窑、矿山使得该地的经济地位迅速提升，但挖掘方式和生产水平只停留在原始阶段。清政府为了清偿对外赔款，在龙兴之地进

---

① 本钢史办公室编：《本钢志》，辽宁人民出版社 1989 年版，第 6 页。
② 《本钢史》编写组：《本钢史》，辽宁人民出版社 1985 年版，第 6 页。

行机器采矿一事逐渐弛禁，但一开始并不十分顺利。"光绪二十二年（1896）正月，盛京将军奏准开办奉天矿务，……筹资试办，时隔数月，就奏称采金数十处，赔银数千两，所采各矿多数停止，受到清廷的申斥。"① 之后，开矿一事断断续续，始终没有形成规模，直至日本人到此。

第二节　日本的入侵

甲午战争前，因买办商人的积极鼓动及当时中国的社会经济环境，中国商人已踊跃投资外国公司。② 而战后，大量外国非官方资本开始涌入中国，扮演各式各样的角色，其中日本财阀的强势涌入颇值得关注。

光绪二十一年（1895），战败的清政府被迫签订《马关条约》，辽东半岛被迫割让给日本。与此同时，俄国正准备全面侵占中国东北，这一条约却极大地损害了其利益。因此，俄国联合德国、法国，迫使日本退还辽东半岛，即所谓的"三国干涉还辽"事件。目的得逞后，俄国便加快南下的脚步，以保辽功臣自居，于光绪二十二年（1896）迫使清政府签订《中俄密约》，获得了东起绥芬河西至满洲里的铁路修筑权。两年后，俄国舰队又强占辽东半岛的旅顺口和大连湾，迫使清政府签订《中俄旅大租地条约》。至此，俄国在东北地区的势力范围扩展至最南端。为了独霸东北地区，更便捷地掠夺资源，俄国修筑了自哈尔滨至大

---

① 孔经纬：《清代东北地区经济史》，黑龙江人民出版社1990年版，第361页。
② 李玉：《试论清末的中外合资公司》，《天府新论》1997年第3期。

第一章　大仓独占时期(1905—1910年)

连的铁路。该条铁路连接了大连、鞍山、辽阳、沈阳、铁岭、长春、哈尔滨等东北重要城市，辐射面积很广，影响范围甚大。它如同一条吸血的管子，拼命地抽取着沿线地带的宝贵资源。其中，本溪庙儿沟的丰富优质铁矿，亦纳入俄国的开采计划之中，但开发尚未成行之时，日俄战争爆发了。

众所周知，日俄战争最终以日本获胜而告终。凭借这场胜利，日本接管了俄国在长春以南的特殊权益，继而又向清政府发难，提出要拥有邮政局、电话局等通信设施的设置权，军事机关的驻扎权，以及在满蒙未开放地区对企业有"帮助"和管理的权力。1909年，日本与清政府"协商"获得矿山开采权；1915年，日本又与中国政府"协商"获得了矿山担保与处理的先议权，这为日本人创立和实际控制本溪湖煤铁公司提供了所谓的法律依据。而在满蒙未开发地区，日本则获得了更多实际利益，比如在鞍山及本溪湖的炼铁经营权等。

日本政府攫取了这些权利，而实际操作或利用则由其大财阀来完成。明治维新以后，日本快速走上资本主义的发展道路。在政府的支持下，三井、三菱、浅野、大仓等财阀迅速崛起。[①]而在对外战争和掠夺上，企业与政府广泛合作，充当日本在华的爪牙，本溪湖煤铁公司的创立者便是八大财阀之一的大仓财阀。

一　大仓喜八郎与大仓财阀

大仓喜八郎是大仓财阀的创始人，也是本溪湖煤铁公司的始

---

① [日]伊豆公夫：《日本小史》，杨辉译，湖北人民出版社1956年版，第1—2页。

33

■ 二十世纪前期日资在华企业的演变

作俑者。"1906年初，他非法进行本溪湖煤矿的开发，将其势力侵入东北。这比满铁的创立还早了近一年，开日本财阀在东北大规模投资之先河。"① 日本诸多进军中国的财阀中，大仓财阀速度最快，这缘于他看到了本溪地区孕育着无限商机。为何他有如此"战略眼光"，与其丰富的个人经历密切相关。

1837年9月24日，大仓喜八郎出生于日本越后国北蒲原郡新发田町。18岁时，到江户开始学习经商，不久便在江户的上野町开设杂货店。1866年，而立之年的大仓喜八郎看到内战将起，军火一定供不应求，明智而果断地做起军火生意。1868年，明治天皇即位，随后戊辰战争爆发，他跟随倒幕军东征大总督有栖川宫行动，提供军火等辎重，从中获得巨大的经济利益，产业得到迅速扩展。明治维新后的日本全盘西化，于1871年派出以岩仓为首的全权大臣一行考察欧美，学习并推广西方资本主义发展的经验。此时的大仓喜八郎把握时机，创建桥本町洋服店，并在横滨开设商会。1872年，36岁的大仓喜八郎第一次出国考察，归国后便投资8.5万日元成立大仓组商会，扩大了经营资本。1874年，他随日军侵略台湾，将资本扩张到了国外。次年，又将事业扩展到釜山地区，并迅速扩大在朝鲜半岛的业务。1882年，大仓喜八郎在朝鲜半岛的矿山业务开展起来，大仓组商会在银座成立。1884年，大仓喜八郎随日本茶叶促进会赴欧美进行第二次考察，此后10年间，业务不断扩大，并创立了大仓土木组、合名会社大仓组等。

1894年，甲午战争爆发，大仓喜八郎为日军提供后勤保障，

---

① 杜恂诚：《日本在旧中国的投资》，上海社会科学院出版社1986年版，第28页。

第一章　大仓独占时期(1905—1910 年)

成为日军的重要军火供应商之一。伴随日军侵略的步伐，大仓组在旅顺、大连、金州等地开设分会社。《马关条约》使台湾正式成为日本的殖民地，有力地刺激了大仓组在台湾的投资，1896 年开始参与台湾的铁路建设。1898 年，参与创立台湾协会和京釜铁道会社，并在日本开设大仓商业学校，之后发展为今天的东京经济大学。1899 年，参与台湾纵贯铁路的建设，成为日军驻台湾占领军的唯一武器供应商，并当选众议院参议员、全国商业会议所联合委员会委员长。1900 年，创立台湾协会学校，参与日本兴业银行的筹备，并为孙中山提供武器装备。1902 年，到长江一带进行考察。次年，汉阳铁政局从大仓组借 25 万日元。1904 年，前往朝鲜考察并建立农场等实业机构。1905 年，到中国慰问参加日俄战争的日军官兵，关东军同意大仓组对本溪湖附近的煤矿进行开采，并在北京、营口设立出张所[①]，在国内设立合名大仓组保险部。

1906 年，本溪湖炭矿开坑仪式举行，在奉天设立出张所，大阪大仓商业学校设立。1907 年，大仓与中国政府就本溪湖煤矿的事宜进行谈判，并在沈阳建立日中沈阳马车铁道公司、鸭绿江采木公司，在汉口设立出张所，大仓在国内参与的帝国剧场、秋田木材会社、皮革制造所、日本皮革会社、化学工业会社、三制麻会社、帝国制麻会社和东海纸料会社相继成立。1908 年，大仓参与建设的釜山港完工，天津发生动乱致使大仓在天津的银行损失 186 万日元，大连出张所设立。1910 年，中日双方关于本溪湖煤矿事宜达成"合作"协议，本溪湖煤矿公

---

① 出张所（しゅっちょうじょ）：日本金融的基层机构，权力较分行小。

■ 二十世纪前期日资在华企业的演变

司宣告成立，资本200万日元。1911年，本溪湖煤矿公司进行改组，资本增至400万日元，合名大仓组商事、矿业与大仓土木组合并，成立株式会社大仓组，资本金1000万日元。1912年，以江苏省铁路作为担保，借与南京临时政府300万日元，借与蒙古喀喇沁王11万日元，奉天省政府100万日元，还向上海闸北水电厂、南浔铁路公司、东汉口地所借款，在国内创立鹤友会。1913年，安东大仓制材所成立。1914年，本溪湖煤铁公司资本增至700万日元，大仓还参与上海顺济矿业公司、溪城铁路公所，奉天省政府再次向大仓借款150万日元。1915年，大仓取得本溪太子河上游多处矿山的开采权，煤铁公司第一熔炉点火仪式举行，鸭绿江制材公司成立，同年被授予男爵。1916年，借与蒙古肃亲王150万日元，以华宁公司名义取得凤凰山矿山的开采权，出资参与建立无锡振新纱厂、大同公司、裕元纺织公司。1917年，大仓参加煤铁公司第二高炉点火仪式，大仓集古馆成立，株式会社大仓组矿山部和土木部分离，大仓矿业会社资本2000万日元，株式会社大仓土木组资本200万日元。次年，大仓制丝工厂成立，资本金150万日元。1919年，大仓前往奉天与张作霖举行会谈，创建鸭绿江制纸会社，资本金500万日元。他还与阎锡山合办大同炭矿，参与创办日支鸡蛋公司、富乐锰矿，日本川崎造船所开始采用煤铁公司的低磷铁进行军舰制造。1922年，大仓的山阳制铁所关闭。1923年，大仓参与设立王子制纸和共荣起业（企业）会社，资本金1000万日元，大仓组本馆发生火灾。1927年，大仓喜八郎停止工作开始隐居，其子大仓喜七郎全面接手其产业。1928年，大仓喜八郎去世。

第一章　大仓独占时期(1905—1910年)

表1　　　　合名大仓组的出资人（1912年至1917年）　（单位：日元）

姓名 \ 年份	1912	1913至1917
大仓喜八郎	729500	732000
大仓喜七郎	156900	157200
高岛小金治	64700	64800
大仓粲马	33300	34000
大仓发身	7800	8000
门野重九郎	3900	4000
高谷鹿二	3900	—
合计	1000000	1000000

资料来源：本钢史志编纂委员会：《本溪煤铁公司与大仓财阀》，内部资料，1988年，第22页。

总之，精明的大仓年轻时就在战争中尝到了甜头。他出手大方，善于公关，用重金收买政府官员和军队军官，在日本政界和军界左右逢源，这在日本侵占台湾、甲午战争、日俄战争、"九·一八"事变中发挥得淋漓尽致，因此获得了巨大的经济利益。除了军工产品外，他的产业还涉及煤炭、钢铁、啤酒、制麻、宾馆、剧场等。1911年，他整合旗下的公司，组成株式会社大仓组，奠定了大仓财阀的坚实基础。当大仓财阀真正形成之后，拥有大仓组、大仓矿业、大仓商事、大仓土木、大仓事业和满洲大仓商事六大直属社，此外还有众多小社。

大仓喜八郎算得上是一个紧跟时代潮流的人物。他在日本国内首创西服店，又看到日本经济的快速发展势必会改变传统的木质住房，因此首创砖瓦建筑业，又用日本的茶叶打开美国市场，是日本历史上在国外设立贸易机构的开拓者。但要论其投资额以及投资领域，则大多集中在中国。截至1942年末，制铁、石炭采掘投资额达到8000万日元，涂料、化学品制造38

■ 二十世纪前期日资在华企业的演变

万日元，造纸208.4万日元，林业296.5万日元，棉花取引1.8万日元，涂装20万日元，电力3.7万日元，制材21.5万日元，采掘加工27万日元，兵器制造250万日元，银行2.5万日元，奉天的土地建物经营46.4万日元，损害保险2.3万日元，石棉采掘加工1.9万日元，矿业100万日元，粮食取引110万日元，特殊钢制造531.3万日元，防毒具制造5万日元，土木建筑250万日元等。①

大仓财阀在中国创立和投资的具体项目有：交通业的沈阳马车铁道公司（1907）；铁道业的江苏省铁路（1912）、江西南寻铁道（1913）；埠头仓库业的上海益昌码头（1914）；土地（建物）投资业的东汉口地所（1912）、浦口土地共有组合（1913）、协和地产株式会社（1937）；纤维纺织业的大生纺织崇明分厂（1912）、无锡振新纱厂（1916）、裕元纺织公司（1916）；制革事业的溥利呢革公司（1911）、裕津制革公司（1917）；冷藏业的青岛冷藏株式会社（1918）；鸡卵业的日支鸡蛋公司（1919）；水田开拓业的华兴公司（1923）；兵器制造业的奉天造兵所（1932）；制铁业的本溪湖煤铁公司（1910）、江苏华宁公司（1916）；石炭业的江西顺济公司（1914）；精炼业的湖南大同公司（1917）；采掘精炼业的湖南水口山（1918）；矿采掘业的江西富乐公司（1919）；铜矿采掘精炼业的本溪湖铜铁公司（1914）、安东制炼所（1917）等众多厂矿。② 可见他在中国投资的重心是矿业和林业领域。"九·一八"

---

① 大仓财阀研究会：『大仓财阀の研究·大仓と大陆』，近藤出版社1982年版，第390页。
② 同上书，第134—135页。

第一章　大仓独占时期(1905—1910年)

事变之前，他在中国矿业的累计投资超过了1000万日元，林业超过了600万日元。①

他还多次借款予中国的政治人物——孙中山（1912）、蒙古喀喇沁王（1912）、肃亲王（1916）、奈曼王（1924）、段祺瑞（1924）。大仓喜八郎于1915年被授予男爵。晚年热心公益和教育事业，是东京经济大学前身大仓商业学校的创始人。日本战败之后，其在华企业全部被中国没收，但大仓财阀实力雄厚，直到1998年亚洲金融风暴时才因经营不善宣告破产。

日俄战争之后，日本国内形成了八大财阀垄断经济的现象。"日本的财阀化，就是代理人化，模仿日本财阀体制，就是推行金融僭主体制。"② 这些财阀在侵略战争中大发横财的同时，也排挤着日本国内的中小企业。"据日本兴业银行调查，在日本发动侵华战争后的1938年9月，日本国内的财阀势力大大扩张，而中小企业平均减产24%，当时需要救济的中小企业有39万家。"③ 作为丰厚回报的前提，大财阀为军国主义的扩张提供着巨大的财力、物力支持。

煤炭是重要的能源之一，是生产军工产品以及重工业必不可少的。在日本本土以及中国台湾等殖民地，煤炭业经历了这样的发展阶段——"煤矿业则由本土资本家与日本财阀合作发展，产品外销至华南、东南亚地区，以弥补'日本煤业帝国'

---

① 大仓财阀研究会：『大仓财阀の研究・大仓と大陆』，近藤出版社1982年版，第324页。
② 江晓美：《财阀的魔杖——日本金融战役史》，中国科学技术出版社2010年版，第116页。
③ ［日］守屋典郎：《日本经济史》，周锡卿译，生活・读书・新知三联书店1963年版，第354页。

不足之处。"①

早在同治十三年（1874），大仓喜八郎就担任侵台军的供应商，此后在甲午战争中被任命为军需供应商，成了御用商人。1895年，大仓又积极参与"江华岛事件"。"大仓组的这一举动在以后第一次世界大战爆发时的德国势力范围的山东省，中日战争爆发时对阎锡山统治下的山西省所采取的迅速行动中也显示出来，这点构成大仓的显著特征。"② 在经济支持侵略的同时，他不忘用直接投资的方式对中国实行经济掠夺。其子大仓喜七郎继承了他经济侵略的衣钵，手段更是有过之而无不及。他们父子对著名的湖北汉阳铁厂、江西萍乡煤矿等都有所染指，而投资规模最大的要属本溪湖煤铁公司。

二 投资建厂

日俄战争尚未结束时，看到商机的大仓喜八郎组织人力跟随军队进入本溪地区，寻找可以开采利用的自然资源。"光绪三十一年（1905）十月，大仓财阀又派专人到本溪湖勘查矿区、绘制矿区略图，同年十二月设本溪湖大仓煤矿，次年出煤。"③ 在探明本溪湖地区确有大量优质煤之后，立即用巨款买下当地窑主的"龙章标"。对于不能马上收购的矿，则采取"合作"的方式，并订立契约，由双方呈请中国官方给予承认。起初，他不考虑效益，马上组织人力物力就地进行开采，产品直接供应军方，成为

---

① 陈慈玉：《连续与断裂——近代台湾产业与贸易研究》，上海人民出版社2014年版，第1页。
② 本钢史志编纂委员会：《本溪煤铁公司与大仓财阀》，内部资料，1988年，第3页。
③ 孔经纬：《新编中国东北地区经济史》，吉林教育出版社1994年版，第139页。

第一章　大仓独占时期(1905—1910年)

日军后勤的一条重要补给线。这种不顾个人、全心为帝国出力的献媚做法，得到了日本政府和关东军的一致好评。此时，安奉铁路已经建成，本溪湖一带更多的煤矿和铁矿陆续被大仓发现。他不顾中方的强烈反对，持续扩大生产。这种情况的出现，犹如鞭挞一样，烙在了当地百姓的心里：

容旅成陈迹，三逢几月更。本溪虽故地，沈水亦前行。人事无新书，天时有送迎。古今多少梦，断续总难清。①

侵占矿区的过程中，大仓不顾当地百姓的死活，强迫他们出售或出租土地和土矿，为开采煤铁矿扫清障碍。大仓组出张所主任式村茂与奉天省东边道署岫岩州红旗沟的三道林子、西上坡子、三尖泡子三牌的乡保、绅董私下签订协议，3处的矿藏仅供日本开采，其他国家不得染指。② 西上坡子刘姓家族5人也与公司签署了矿藏开发协议。③ 红旗沟刘振川则将土地上的开矿全租与公司。④

日俄战争后，大仓喜八郎正式向日本殖民军当局——关东总督府⑤提出开矿申请，答应所采之煤源源不断供应给军队，于是

---

① 张全良：《赴安奉线本溪湖二首》，《同轨》1935年第2期。
② 《西上坡子、三尖泡子和三道林子与大仓组安东县出张所执事人式村茂合同书》，1905年。本溪市档案馆藏，资料号全宗第124卷137，第11页；《土地买卖契约书》，1905年。本溪市档案馆藏，资料号全宗第124卷137，第14—15页；《永远租借契约条规》，1905年。本溪市档案馆藏，资料号全宗第124号卷139，第250—256页。
③ 《西上坡子升窑沟处原山主刘姓家族与本溪煤铁公司契约书》，时间不详。本溪市档案馆藏，资料号全宗第124号卷139，第242—245页。
④ 《永远租借契约》，1905年。本溪市档案馆藏，资料号全宗第124号卷139，第246—248页。
⑤ 程维荣：《旅大租借地史》，上海社会科学院出版社2012年版，第86—93页。

■ 二十世纪前期日资在华企业的演变

大仓财阀顺利霸占该地，正式命名为"本溪湖大仓煤矿"。① 煤矿正式成立后，不断扩大矿区，引进先进设备。在这片土地上，大仓攫取资源的总量极为惊人。"日本侵略者控制本溪湖煤铁公司长达40年之久，共掠夺优质煤炭近2000万吨、海绵铁7000吨、特殊钢17000多吨。"②

尽管本溪湖煤矿规模不断扩大，而大仓不会因此而满足，在本溪地区之外，又另外开发很多矿厂。"大仓财阀在夺取本溪湖煤矿后并未满足，又把侵略的魔掌伸向东北南部的又一个重要煤矿——新邱煤矿（今阜新煤矿）。"③ 不仅如此，大仓还妄图将日本国内产业与中国东北产业搭建成一个生产链条，现在虽然不能说这种设想完全实现，但在某些行业领域已经初露端倪，可见其野心之大。

这种资本进入和扩张受到日本政府的鼓励，而且此时日本的工业生产技术已今非昔比，取得了长足的进步，这为大仓在东北的经济掠夺提供了良好的条件。"甲午战后十年间由于机械工业的发展和产业革命的完成，也为日本资本提供了较为先进的机械设备，促

---

① 日本在占领旅大地区之后，建立了一系列统治机构，并将它推广到整个辽东地区，本溪地区也在影响范围之内。程维荣上揭书认为：日本在夺取原俄国的旅大租借地之后，对该地进行了三个阶段的统治，即军事管制阶段、"军民合治"阶段、民政统治阶段。其中军事管制阶段又可细分为军官署时期和辽东守备军时期；"军民合治"阶段又可细分为"关东州"民政署时期、关东总督府时期、关东都督府时期；民政统治阶段可细分为关东厅时期和关东州厅时期。其中的辽东守备军时期的守备军参谋长就负责统一管理辽阳以南的各军管署事务，因而在此阶段其管辖范围就可能包括今本溪地区。日俄战争结束之后，在满洲军总司令官的领导下，在辽阳成立了关东总督府，总揽各地军事事宜，由此可见此时设立的关东总督府受日本大本营委托直接统治着占领地。大仓喜八郎也是与直接统治者——关东总督府狼狈为奸共同谋划如何在本溪地区获得最大利益。
② 李秉刚：《万人坑——千万冤魂在呼唤》，中华书局2005年版，第49页。
③ 刘万东：《1905—1945年日本侵略者对我国东北煤炭资源的掠夺》，《辽宁大学学报》（哲学社会科学版）1987年第6期。

使其在中国设厂开矿。"① 客观地讲，有了技术的进步，日本才能利用各种力量，通过各种方式压榨侵略中国，成就其扩张的野心。

图 2　本溪湖煤矿运煤法

资料来源：佚名：《中国之矿产：本溪湖煤矿运煤法》，《东方杂志》1917 年第 9 期。

第三节　经营的状况

1906 年 1 月 17 日，大仓开始对本溪湖煤矿试行开采，后来由于坑内大量出水而中止。根据小村外相给小池总领事的文书显示，大仓对本溪湖煤田进行地质勘探之后，认为该地储煤总量高达 1.6 亿吨。年底，大仓用原始方法进行开采，每天出煤 100 余吨。而此时的员工，仅有行政人员 18 人，操作工以及木工 18 人，日本一线采煤劳工 30 人，中国一线采煤劳工 80 人，总共不过 150 余人。至 1908 年，规模则迅速扩大，仅中国一线劳工就多达

---

① 傅笑枫：《清末日本在中国东北的工矿业投资》，《现代日本经济》1989 年第 5 期。

■ 二十世纪前期日资在华企业的演变

1500余人。加之设备陆续添加，采煤能力随之提高，1907年的采煤总量达2.3万吨，而此时煤炭的运输主要依靠战时建成的安奉铁路。不过，安奉铁路能给公司提供的运力十分有限，远远不能满足快速增长的煤炭运输要求。1909年，公司一方面将年产量限制在5万吨以下，另一方面则联合各方，扩建安奉铁路。

大仓独占煤矿时期，共开凿3口斜井，分别于光绪三十二年（1906）、光绪三十三年（1907）和宣统元年（1909）开工，但仅有第一斜井在宣统二年（1910）建成。斜井的开凿大大地提高了采煤速度，即便只有第一斜井建成投产，单纯依靠人力开采挖掘，也取得了惊人的产量。据估计，短短的5年时间，就有10余万吨煤炭资源被开采出来。

斜井的应用极大地提高了效率，待斜井全部建成之后，出煤速度令人瞠目结舌，但斜井的建设并没有得到中国政府的允许。

在大仓财阀长期非法侵占本溪地区自然资源的过程中，为其

图3 本溪湖煤矿第一斜井

资料来源：《本钢史》编写组：《本钢史》，辽宁人民出版社1985年版，第12页。

带来最大利益的是低磷铁的生产制造活动,而且低磷铁的生产制造对日本海军装备制造起了至关重要的作用。无论是在煤、炭、洋灰还是低磷铁等采掘的生产过程中,来自中国方面的抵抗始终没有停息过,这不仅包括中国政府恢复主权的不懈斗争,也有来自企业内部中方管理人员和劳工的抗争。

第四节　中国的抗争

　　1905—1909年,日本大仓财阀独占本溪湖煤矿、独享利益,中国政府的谴责与声讨却注定得不到回应。行将就木的清政府及其软弱无力的继承者——北洋和民国政府,不断地与日本进行交涉,妄图收回矿权。但弱国无外交,积弱积贫的中国维护领土主权的合理要求无法得到满足。更有甚者,地方当局因为财政困难,以出让矿权为代价,曾不知廉耻地向侵略者借款。1912年,奉天省政府向东京株式会社大仓组借款100万日元,并于次年提出延期还款,且再借50万日元;1914年,奉天巡按使代表交涉署长祝瀛元、财政厅厅长张翼廷与日本东京株式会社大仓组代表岛冈亮太郎、石井久次签订条约,其中第8条明确规定:"此项借款本利担保之物开列于右:一、本溪湖煤铁公司奉天省股本之全部及出井税;二、抚顺煤矿产税及报效金之全部;三、安东采木公司奉天省股份之全部。"① 在借款副合同中,明确提出所借款

---

① 《奉天借款契约书》,1914年。本溪市档案馆藏,资料号全宗第124卷61,第24—27页。

■ 二十世纪前期日资在华企业的演变

项的利息均由南满洲铁道株式会社（以下简称"满铁"）支付。其协议的首条这样规定：

> 此合同借款之利息由南满铁道株式会社每年纳于奉天省，抚顺矿产出井税并报效金以及本溪湖煤矿出井税自借款盖印之日起，每年按六月末及拾贰月末分作两回，由南满会社及本溪湖煤铁公司直接交付大仓组。①

满铁是日本的国策机构，而"国策会社是以国家资本为核心，由国家资本与财阀资本合资建立，受到国家政权严格控制、监督、管理，直接为日本帝国主义侵略政策服务的特殊股份公司"②。日本国策机构遍布中国的交通、能源、矿产等重要行业领域，国策会社的企业就为数不少，"从事能源及森林、矿产资源行业的子公司主要有：胶澳电气、满洲石油、满洲电业、华北电业、满洲煤矿、淮南煤矿、大同煤矿、满洲林业、满洲矿业开发、满洲盐业、本溪湖煤铁、华北产金等"③。此时，与产煤规模更大的抚顺煤矿，产铁规模更大的昭和制钢所相比，本溪湖煤铁公司被单独划为国策会社可谓意义深刻。

本溪湖煤铁公司已被大仓财阀所独有，所谓的"南满铁道株式会社每年纳于奉天省"及"由南满会社及本溪湖煤铁公司直接交付大仓组"都是日本人自偿借款利息，而不需奉天省支付。所

---

① 《借款副合同》，1914年。本溪市档案馆藏，资料号全宗第124卷61，第28—29页。
② 梵兀、宋则行主编：《外国经济史》第3册，人民出版社1982年版，第205页。
③ 张祖国：《二十世纪上半叶日本在中国大陆的国策会社》，《历史研究》1986年第6期。

第一章 大仓独占时期(1905—1910年)

以，借款的实质就是奉天省政府用矿权换得无息贷款，显示了中国政府对于日本强占矿权的无奈与苟合。

小结：本章主要研究大仓在本溪地区投资建厂的前因后果。本溪地区区位及资源优势明显，是发展采煤、冶铁、炼钢等产业的天然良地，煤铁业在此有悠久的历史。日俄战争前，沙俄已经注意到这片物产丰饶的土地，但还没来得及侵吞，就与日本爆发了军事冲突。后者为了扩充财力、资助侵略战争，逐渐改变不允许财阀染指占领地的政策，大仓财阀首脑大仓喜八郎敏锐地觉察到这一变化，持续对日本政府和关东军展开公关活动。得到军方的默许后，大仓进军本溪地区，就地取材，挖掘煤炭并供应军方，这一举动使其成为关东军十分依赖的合作伙伴。也正是在日本政府和军方的支持下，大仓才能不顾中方的强烈反对，创建本溪湖煤矿。客观上，这也使该地煤炭的生产和经营开始走上近代化道路。

第二章 中日"合办"时期
（1911—1930 年）

　　本章考察中日"合办"的前因后果，揭示日方是采取何种手段攫取公司利益以及侵夺中方控制权的。事实表明，由于双方的目标存在明显的分歧，侵略者与被侵略者之间无法和谐相处，经常爆发难以调解的矛盾冲突。

　　光绪三十二年（1906），清政府为了加强对本溪地区的管理，在本溪湖设立县治。县长周朝霖甫一到任，便对日本非法开采本溪湖煤矿一事进行调查，旋即将调查结果上报给盛京将军赵尔巽。后者曾就此事专门照会日本领事，要求日方立即停止开采。而日本驻奉天总领事则认为，本溪地区尚有大量日军驻扎，需要采煤来维持后勤补给，所以仍要继续开采。大仓财阀也以煤矿已经取得关东都督府批准为由，全然不顾中方为维护自身主权而提出的严正交涉。值得注意的是，尽管大仓取得了关东都督府的鼎力支持，但日本中央政府内部却有着重重顾虑。"外务省担心：大仓急于快快成功，他们是否根据外务省认为不合适的清国矿务章程在进行合办交涉，为了阻止这种不良的先例，准备制止大仓的行动。"① 后来的事实也表明，外务省的这种担忧并非没有道理。此时，两国政府正就日方在东北地区南部建设矿厂选址、出矿税以及法律法规等问题进行谈判。日本政府不想为贪图本溪湖煤矿一隅之利而导致整个谈判的流产。出于通盘的考虑，日本中央政府曾在关东军都督府支持下的大仓与中国中央或地方政府的谈判之间制造障碍，以免双方达成任何实质性的协议。当然，外务省最终还是选择了妥协。这一事实印证了在整个第二次世界大战期间，日本政府虽然意图明确地采取侵略他国的大政方针，但其中央政府往往无力控制军部活动，甚至有时被军部进行政治绑架的尴尬地位。因而，为了赶在《矿务章程》出台之前，让清政府给予本溪湖煤矿以"合法"的身份，关东军和大仓财阀又做了种种努力。中国方面，1906年底奉天省政府再次派员赴煤矿进行调查，调查人员认为：大仓财阀霸占本溪湖煤矿的事实已经形成，全面收回矿权可能性极小，不如改与其"合办"，这样既有了颜面，又能在收益上分得一杯残羹。日本方面意识到独占煤矿是不太可能的，于是也认同并采取了中日"合办"。

第一节　公司成立

光绪三十三年（1907），中国进行官职改革，由东三省总督徐世昌接替原盛京将军赵尔巽②，徐倡导的以民政为主的执政方式亦取代了赵尔巽以军政为主的陈规旧法。大仓喜八郎敏锐地看

---

① 本钢史志编纂委员会：《本溪煤铁公司与大仓财阀》，内部资料，1988年，第6页。
② 宣统三年（1911）赵尔巽重新主政东北，被清政府委任为东三省总督，并授钦差大臣，但此时中日"合办"已经完成，而且革命的风暴即将颠覆其统治。

■ 二十世纪前期日资在华企业的演变

到这一人事变化所带来的机遇，因而积极筹备来华洽谈"合作"事宜。光绪三十四年（1908），大仓财阀的首脑大仓喜八郎抵达奉天，与东三省总督锡良以及继任者徐世昌、奉天巡抚唐绍仪商讨合作事宜，在大仓喜八郎与锡良商讨过程中，此事便引发了世人的关注：

> 奉天本溪湖煤矿交涉东督锡制军，曾派员与驻奉日领事开议初拟仿临城办法，课出井口税值百抽二五，资本则百万元中国出四十万，大仓洋行欲扩资本至百六十万元多，附日资故未定议。①

可见，中日政府虽然有着强烈的合作意愿，但在某些具体问题上很难达成一致。例如，双方就出井税和投资比例等问题上尚处于互相摸底的状态，距离真正的合作还差得很远。在探讨"合作"的过程中，奉天省政府、日本政府、大仓财阀三方于1907年9月、1908年12月、1909年2月、1909年3月、1909年12月、1910年2月、1910年5月等进行过多次接触，双方均多次提出过己方的草案，却始终未能达成一致。即使在公司命名这一问题上也曾争论不休，双方先后出台过"奉天中（清）日商办本溪湖煤铁有限公司""清日合办本溪湖矿业公司（有限责任）""日清合办本溪湖煤矿业公司（有限责任）""本溪湖煤矿有限公司""本溪湖矿业有限公司"等草用名称，经过长时间的协商和斟酌，最终修订为"本溪湖商办煤矿有限公司"。在矿股、股票、股东、

---

① 佚名：《矿政交涉：本溪湖煤矿交涉》，《外交报》1920年第7期。

第二章　中日"合办"时期(1911—1930年)

借债、第一次分红、盈利分配、准则、治安、特权均沾、继承关系、期限、财产处理、已销出煤款、损害赔偿、矿区等多个细节均进行了针锋相对的较量。资本金事宜则出现过中方100万日元、日方500日元（第一次募集1/4）；总额100万日元，上限500万日元；中方100万清币、日方100万日元；中方75万清币、日方75万日币等多种提议，而且这种争论引起了广泛关注：

> 前经迭次协议作为中日合办各出资本七十五万元以备经营该矿之用，然日商大仓组实已投资一百万元，我国须交二十五万元于大仓组后，方能遣派矿师实地调查，……将来或仿抚顺，或照开平纳税办法尚有一番磋商也。①

谈判一方面在艰难地进行着，而另一方面，大仓喜八郎希望得到日本外务省派出机构（即日本驻奉天总领事）的支持，继续独占煤矿。因而他一直蓄意拖延谈判的进程，寄希望于"合作"计划流产。即使在协议即将达成的1910年，大仓喜八郎仍然设置重重障碍，阻止"合作"的最终完成。这种消极的态度不仅让中方一筹莫展，也令日本官方颇有微词，奉天总领事小池就批评了大仓不顾大局，与政府唱对台戏，贪图一己私利的做法：

> 予测政局根基的骚扰，进而想象总督府之将颠覆，想在离乱之中获取奇利，这非稳妥之作风，基于虚构的想象，专

---

① 佚名：《海内外事业：本溪湖煤税尚待提议》，《华商联合会报》1920年第7期。

■ 二十世纪前期日资在华企业的演变

门致力于利己之念，对清国方面不存半点诚意。①

从中可以看到奉天总领事对于大仓擅自行动的种种无奈。当然，狡猾的大仓喜八郎采取以静制动的策略也是出于长远利益的考虑，他认为中国革命的形势已经临近高潮，一旦奉天省政府倒台，而继任的新政府又软弱无力，就可以继续独霸煤矿了。同样，在其后大仓喜八郎与奉天省政府的交涉中，对于公司督办这一问题达成一致后，仅有大仓和奉天省政府代表的签字，没有出现日本驻奉天总领事的名字。1907年9月20日，日本外相就给驻奉天总领事萩原发送了《关于中止安奉铁路沿线矿山协议书的交涉及进行合同协商的训令》。1909年，又呈上《关于采用井陉契约规定不是上策及推迟本溪湖问题的商谈的指示》，向政府申诉大仓的一意孤行会影响日本在中国东北的全盘战略部署。

宣统元年（1909），新到任的东三省总督锡良派员赴本溪湖煤矿考察，对大仓财阀的现有投入进行估价。但由于双方分歧甚大，亦未能达成一致。宣统二年（1910），即大仓喜八郎第二次来华之前，日方故意摆出毫不妥协的架势，只是洽谈而没有签署正式"合作"协议的意思。对于好事将成的"合作"，奉天省政府和日本驻奉天总领事十分焦急，总领事认为大仓的以静制动就是故弄玄虚，无论中国是否发生革命，其最终目的无非是想借机多捞取些实际利益。而事态的发展亦如总领事所料，大仓认为已经有了充足的筹码之后便迅速出击：

---

① 本钢史志编纂委员会：《本溪煤铁公司与大仓财阀》，内部资料，1988年，第14页。

第二章 中日"合办"时期(1911—1930年)

大仓氏欲除此后患,最近以满韩旅行之名义,在奉天与中国官吏开始交涉,依彼此让步之结果,业已订立约款。该交涉始自阳历五月十七日连日开议至同月二十二日,即已签押。以此至少之时日缔结两国之契约,实为对清交涉中从来未有之异例。①

大仓这次出击之突然,成事之快,令外界大为惊叹。仅仅一周,他便就资产价值、出资额、出资比例和矿产税等所有细节问题与中方达成了一致。此举也使"合作"进入了正式筹备阶段,"合作"的最后完成已经指日可待了。1911年10月6日,大仓财阀首脑大仓喜八郎、奉天交涉司官员韩国钧、日本驻奉天总领事小池张造三方最终达成协议,共同签署了《中日合办本溪湖煤矿合同》(以下简称"合同"),没过多久,又签署了《商办本溪湖煤矿有限公司合办契约附加条款》。这些合同和条款标志着"合作"的正式开始。

"合作"初期的各方矛盾仍然尖锐,即使同为日本方面的代理者,大仓喜八郎和日本驻奉天总领事小池之间也是貌合神离。协议签署后,大仓喜八郎曾在日本贸易协会等多处公开场合言及"外务省无能"诸辞,此番言论为小池提供了攻击的口实,遂向外相提交《关于大仓喜八郎失言问题的报告》。值得一提的是,清政府曾试图将这种"合作"方式推广到抚顺煤矿和烟台煤矿以及南满铁路沿线所有矿山,安奉铁路沿线如新开煤矿亦按照此种"合作"方式,但日本方面却声明两处为日本既得利益,并当面

---

① 佚名:《中国时事汇录:记本溪湖煤矿交涉之结果》,《东方杂志》1910年第7期。

回绝。可见，本溪湖煤铁公司的"合作"形式，险些为东北地区多数煤矿进行"合作"开启了先例。正如台湾学者陈慈玉强调的那样："在东瀛停留一年，主要阅读日本大仓和三井财阀的档案，以及日本外务省外交史料馆搜藏之资料，逐渐领悟到当时日本的投资重心并非殖民地的台湾地区或朝鲜，而是煤矿蕴藏量丰富的东北和华北。"① 由是观之，大仓财阀在煤铁公司的创立和发展过程中起到了关键性的作用。

1915年5月9日，以袁世凯为首的北洋政府接受日本提出的"二十一条"中的1至4号要求。② 其中第2号条款中提及的矿权让与日本，这一条款是对中国矿权的严重侵害，即使后来北洋政府被迫宣布"二十一条"无效，但日本仍借此攫取了巨大的政治经济利益，因为很多内容已经付诸实施了。如"二十一条"中《关于南满洲开矿事项之换文》（以下简称《换文》）中规定："日本国臣民在南满洲左开各矿，除业已探勘或开采各矿区外，速行调查选定，中国政府即准其探勘或开采，但在矿业条例确定以前，应仿照现行办法办理。"③ 该《换文》中明确列出了9处可供日方开采的矿区，即和龙县杉松岗煤矿、永吉缸窑煤矿、桦甸

---

① 陈慈玉：《连续与断裂——近代台湾产业与贸易研究》，上海人民出版社2014年版，自序第1页。

② "二十一条"共分为五号，第一号为承认日本继承德国在山东的一切权益，山东省不得让与或租借他国；第二号为承认日本人有在南满和内蒙古东部居住、往来、经营工商业及开矿等项特权。旅顺、大连的租借期限并南满、安奉两铁路管理期限，均延展至99年为限；第三号为汉冶萍公司改为中日合办，附近矿山不准公司以外的人开采；第四号为所有中国沿海港湾、岛屿概不租借或让给他国；第五号为中国政府聘用日本人为政治、军事、财政等顾问。中日合办警政和兵工厂。武昌至南昌、南昌至杭州、南昌至潮州之间各铁路建筑权让与日本。日本在福建省有开矿、建筑海港和船厂及筑路的优先权等。

③ 王铁崖：《中外旧约章汇编》第2册，生活·读书·新知三联书店1957年版，第1103—1104页。

第二章 中日"合办"时期(1911—1930年)

夹皮沟金矿、鞍山铁矿、海龙杉松岗煤矿、通化铁厂煤矿、锦县（今凌海市）暖池塘煤矿以及本溪的牛心台煤矿和田师付沟煤矿。此外，在日本的威逼利诱下，北洋政府颁布了《核办日本臣民在南满洲办矿案须知》，其中规定《换文》中所提及的"业已探勘或开采"是以事实为准，无论是否取得证件。相比之下，1910年就实现"合办"的本溪湖煤铁公司在进程上早已遥遥领先了，《换文》只是对某些既成事实的认可罢了。

中国政府农工商部批准了该合同，随后委任与张之洞联系甚密的巢凤岗为首任中方总办①。日本方面则委任岛冈亮太郎为首任日方总办。双方于宣统三年（1911）的第一天举行了"合办"仪式。至此，中国中央政府、奉天省政府、本溪县政府经过5年多的谈判磋商，仅仅拿回了一半的矿产权益。

公司成立之前，本溪地区的八盘岭、火连寨、杨树林子等铁山和窑子峪煤矿的采掘权被日方侵占。但公司成立之后，根据双方达成的协议，这些铁山、煤矿的采掘权被中国政府收回。为此日方进

图4　土地交易凭证

资料来源：《大照》，1920年。本溪市档案馆藏，资料号全宗第124号卷137，第10页。

行了新的谈判，并最终如愿以偿地将以上煤矿和铁矿重新收归囊中。除此之外，在"合作"期间，公司为了扩大矿区面积，还不断地收买土地。经过长时间的发展，公司逐渐成长为一个兼具采

---

① 邓红洲：《张之洞"从缓""从速"立宪论》，《近代史研究》1998年第3期。

煤、采铁、炼铁、炼钢、轧钢等多重作业功能的综合性企业。

第二节 组织机构

1916年,张作霖迫使段芝贵逃离奉天,从而成为东北的实际控制者。当然,煤铁公司的实际掌权者和幕后老板也就顺理成章地变成了他和大仓喜八郎。

图5 张作霖和大仓喜八郎

资料来源:《本钢史》编写组:《本钢史》,辽宁人民出版社1985年版,第30页。

一 人事安排

从煤铁公司的人员结构来看,其职员可以大致分为三类:行

第二章　中日"合办"时期(1911—1930年)

政领导、普通职员和稼人。

"公司的行政领导机构依次设有：总办、理事、部、科。总办和理事，中日各一名。"① 根据上述条例，公司设总办、理事这样的高级职位各一人。而部长、科长的人数不定，但总体上仍按照数量对等原则设立，这意味着部长、科长甚至职员和准佣员人数是基本相等的。合约中明确规定人数相等，其根本原因是中方试图通过这一做法避免日方对公司的完全控制。而相应的，中方在其中也受到了日方的牵制，这一做法俗称"华洋钳"。互相牵制有一定的好处，但弊端也是显而易见的：如果公司的业务发展需要增设一个新岗位，本来一个人可以完成的事情，却由于制度规定而不得不聘任两个人，这无疑增加了用人成本。同时考虑到中日人员在文化习俗上的差异，此举也降低了工作效率。客观而言，在这种双重管理人员的制度下，凭借日方在政治、经济、技术等因素上的优势，大仓实际上是公司的实际掌握者。"实际上，经营权是日本人独占的，中国管理人员几乎不参与经营，只拿俸禄，不过对日本人经营进行旁观而已。"② 但中国职员毕竟在日常工作中扮演着必不可少的角色，这也给日方人员带来了极大困扰，他们认为中方职员的懒惰、疏忽、浪费，甚至支持劳工罢工的行为是不可容忍的。直到"九·一八"事变后，随着日方完全掌控公司，上述情况才得以消失。这种劣势大于优势的双重管理制度不仅存在于本溪湖煤铁公司，也被鸭绿江采木公司、沈阳马车铁路公司等企业采用为人事组织的基本形式。关于行政领导的

---

① 本钢史办公室编：《本钢志》，辽宁人民出版社1989年版，第23页。
② 本钢史志编纂委员会：《本溪煤铁公司与大仓财阀》，内部资料，1988年，第110页。

待遇，后文（本章第五节）会有详细解释。

普通职员按照工作可分为 5 类：主事、技师、事务员、技手和雇员，其具体的职责会在后文中有所交代，在此不再详述。职员之下便是基层劳工了。在待遇问题上，职员领月薪：主事和技师领取 1 级工资、事务员和技手领取 2 级工资、雇员领取 3 级工资。"本溪湖煤铁矿的营业很发达。1916 年的盈余为 100 万元，分红时科长一职即可分得一千数百元，中日双方总办和督办的酬劳在万元以上，股东分得的股息共约 60 万元。"①

稼人也叫做工人、人夫、工夫，大致可分为准佣员、常役夫、包工夫、临时工和矿夫。"准佣员主要是小把头阶级，负责常役夫以下人员的工作监督，其人数，在 20 年代后半期，由大致同等人数的中国人和日本人构成，这和合办契约中规定的职员人数，中日双方应大致相等，呈同样状态。"② 常役夫包括见习机械工、勤杂工等普通职工，最初也有很多日本人充任常役夫。不过在"合作"持续 10 年之后，这个岗位的日本人就逐渐转调到其他位置上了；包夫工，顾名思义采取的是包夫制，和公司是间接雇佣的关系，主要从事高炉、炼焦等工作；临时工一般是按日结算工资，同公司之间是临时的直接雇佣关系；矿夫的概念十分宽泛，煤矿内的搬运工、铁山的采矿工、充填工都属于矿夫，但占比例最大的还要数煤矿的采煤工和掘进工。具体来说，煤矿工人较之铁矿工人的数量为多。铁矿生产在很大程度上受到国际政治、经济形势的影响，其需求往往会有较大的逐年波动，个别年份甚至

---

① 杜恂诚：《日本在旧中国的投资》，上海社会科学院出版社 1986 年版，第 171 页。
② 本钢史志编纂委员会：《本溪煤铁公司与大仓财阀》，内部资料，1988 年，第 85 页。

第二章 中日"合办"时期(1911—1930年)

出现了完全停产的状况。相反地，煤矿作为公司生产销售最稳定的一环，从未停产。而且由于机械化水平较低，采煤工作往往需要投入大量的人力。因而在全公司的稼人之中，煤矿劳工的比例接近七成，而铁矿劳工只占一成，剩下的劳工被安排在高炉、炼焦厂、选煤厂、耐火砖厂、团矿厂等辅助部门。由于用工量巨大，公司除了在本地招募之外，还在全国各地进行招工宣传，以几元的安家费为诱饵，或者通过同乡关系把新邱、唐山、烟台、徐州等地的大量劳工骗到本溪，从事繁重的体力劳动。一旦有人被骗到本溪之后，公司便马上派把头、矿警、守备队等对他们昼夜进行监视，以防劳工逃跑。在限制劳工人身自由方面，公司和把头甚至达成了一致："如果工人在一周内逃跑者，其全部损失由把头负担；在两周内逃跑者，其损失由双方负担；超过两周后，其损失由公司负担。"①"合办"时期，劳工总数维持在5000—10000人。公司给稼人发放工资的方式视其身份而定：一种是同公司之间有直接雇佣关系的准佣员和常役夫，他们除了能拿到法定的基本工资外，还有普通津贴和加班津贴，甚至还有连班津贴，而且支付的货币也是币值最为稳定的大洋银；另一种主要是包工制度下的采煤工和掘进工，公司把工资先发给劳工隶属的把头，后者按照"常规"从劳工微薄的工资中抽取11%作为管理费，然后扣除住宿费和伙食费，再把所剩无几的薪水发放到劳工手里。支付给劳工的货币是贬值很快的奉天票，为了防止劳工的抗议停工，把头用食物作为补偿发放给劳工，除此之外劳工得不到任何津贴。这一点上，在本书末章有更详细的解释。

---

① 《本钢史》编写组：《本钢史》，辽宁人民出版社1985年版，第38页。

二 机构组织

公司成立后，按照章程，日常事宜由两国总办统筹。重大的事项则需要提交到公司的最高决策机构——股东大会进行讨论决定。[①] 股东大会分为每年一次的定期会议和不定期会议两种，截至"九·一八"事变，共召开了19次股东会议。

除了股东大会商讨的重大事项，公司的日常工作则由各级理事、部长、课长进行具体操作。公司成立之初只有2部1科，即经营部（销售科、会计科、庶务科）、矿业部（坑务科、机械科、炼焦科、修筑科）和秘书科。兼营冶铁项目之后，公司机构扩充为3部3科，即营业部（增加了附属医院）、采煤部（坑务科、制材科）、炼铁部（高炉科、原料科、采矿科）、秘书科、机械科和修筑科。第5次股东会议之后，公司决定在总办之下设立理事2人，中日双方各1人，理事下设秘书科负责统筹日常工作事宜，秘书科负责联系3部、2科、1个医院。3个部为采炭部（制材科、坑务科）、制铁部（采矿科、熔矿科）、营业部（庶务科、会计科、贩卖科）、修筑科、机械科、附属医院，该医院原本是简陋的平房，现已发展成为本溪市最大的三级甲等医院——本钢总医院。到了"本溪湖煤铁有限公司"时期，公司裁撤了一些中间机构，总办直接下辖1处4科，即秘书处、工务科、制铁科、采矿科、总务科（医院、配给所）。机构虽然精简了，但其下属的实体仍然很多。"采矿科由煤井、选洗煤厂、庙儿沟铁山、选矿

[①] 《第五届定期股东大会议题》，1939年。本溪市档案馆藏，资料号全宗第124号卷149，第145—152页。

厂、石灰石采掘厂；制铁科由高炉，炼焦厂及副产品工厂，团矿炉，窑业工厂等各厂构成。工务科内有发电厂，营缮工厂（包括钳工，车工，铸造，锻造铆焊、木工等厂），可能还有厂内铁路及分析室等也属它管辖。"①

当公司新建厂房或者附属设施时，要及时向政府申请备案。1942年，公司以其领导山本信夫的名义，向本溪湖市长三上宪之助提交申请，在平安区益口街建造了两栋两层总面积为305.77平方米的房子作为医院。② 此外，公司对其日本职员也有着严格的管理，他们在日本的住址在公司都有详细的记录。1943年，职员田村和子在日本国内的住址变动如下：原本居住在福冈市西唐人町13番地，后搬迁到大阪府北河内郡枚方町。③ 在隶属于公司的房产登记上，均要用日文书写正式的买卖过渡书、土地让渡字据。④ 公司范围内的荒地出售或出租等问题上，也有着严格的执行标准。例如1941年，公司在本溪县火连寨村梨树沟屯荒山的认定前就进行过详尽考察，其相关文件包括裁决申请书、对于裁决申请之调查事宜及意见书、对于申请人及其代理人的询问调查书、证人询问调查书、各种证据、土地登录簿等多种文字材料。⑤

---

① 本钢史志编纂委员会：《本溪煤铁公司与大仓财阀》，内部资料，1988年，第85页。

② ［日］三上宪之助：《建筑物使用许可证》，1944年。本溪市档案馆藏，资料号全宗124卷134，第9页。

③ ［日］田村和子：《住所变更口》，1943年。本溪市档案馆藏，资料号全宗124卷134，第1页。

④ 《土地让渡字据》，1941年。本溪市档案馆藏，资料号全宗124卷134，第59—61页；《土地买卖契约书》，1944年。本溪市档案馆藏，资料号全宗124卷134，第74—75页。

⑤ 《裁决申请事件记录》，1941年。本溪市档案馆藏，资料号全宗124卷134，第62—73页。

三 制度规程

公司的正式职员都有假期，并且以国别进行区分。日本职员享有元旦（阳历1月1日）、年始（阳历1月2日）、纪元节（阳历2月11日）、天长节（阳历4月29日）、本溪湖神社春季例祭（阳历5月16日）、会社创立纪念日（阳历5月22日）、社员运动会（阳历8月30日）和明治节（阳历11月3日）；中国职员享有春节（阴历一月初一）、元宵节（阴历一月十五）、万寿节（阳历2月6日）、建国节（阳历3月1日）、端午节（阴历五月初五）、会社创立纪念日（阳历5月22日）和中秋节（阴历八月十五）等节假日。职员还实行日勤制，上期的工作时段是每年的5月1日至9月30日，每日工作时间从早8时到午4时；下期的工作时段是每年的10月1日至4月30日，每日工作时间从早9时到午5时。午间休息时间是从正午12时到下午1时。对于值班人员分为1、2、3班，且上下期的值班时间也有所不同，分别是1班制上期的早8时至次日早8时30分，下期的早9时至次日早9时30分；2班制上期的早7时至午5时、午5时至次日7时10分，下期的早8时至午5时10分、午5时至次日早8时10分；3班制上期的早7时至午3时30分、午3时至晚11时30分、午11时至次日早8时30分，下期的早8时至午4时30分、午4时至凌晨12时30分、凌晨12时至早8时30分。[①]

公司不同类别的职员都有自己的徽章进行区分标记，职员使

[①]《员工出勤及休假规定》，1941年。本溪市档案馆藏，资料号全宗第124号卷502，第3—6页。

用 12 开金质的菱形徽章；准佣员用 12 开镀钢质菱形徽章，其具体规定如下：在秘书岗位和总务科工作者徽章为绀色，在炭矿科工作者徽章为绿色，在制铁科工作者徽章为桃色，在工务科工作的准佣员徽章为黄色；常役夫用铜制椭圆形徽章且印有番号：在秘书岗位和总务科工作者记号为字母 A，在探矿科工作者为字母 B，在制铁科工作者为字母 C，在工务科工作者为字母 D，劳工用铜制椭圆形的徽章。要求将徽章戴于衣襟之上，不佩戴徽章的工作人员不得进入工厂，若转借他人、丢失或者因损坏而不能使用，要按照公司规定进行赔偿，职员徽章 5 元、准佣员徽章 2 元、常役夫 5 角。工作时间外出，必须出示外出证明，且只有准佣员和常役夫有此资格。[①] 对于劳工的日常工作，公司有着详细的工作流程[②]，并且有专人负责监督，丝毫不能懈怠。

甚至在预防火灾方面，公司也有着严格的规章制度和预防机制。"而有十月十四日，附属病院之烧毁火事一旦发生之后，无论其情由如何，究系当事者之过失与不注意有以至之。嗣后各员对于各自执务处所及宿舍等均须细心，注意请求妥善方法，藉期预防灾变于未然，并望各科系于此际，对于管辖建筑物等之火灾防止上妥加研究，作成方案提交秘书处汇总呈阅以备采择为要。"[③] 1929 年，中方总办周大文、日方总办鲛岛宗平联合发布公告，要求全公司以附属医院火灾为戒，预防火灾发生。

---

① 《本溪湖煤铁有限公司工作人员徽章规定》，1941 年。本溪市档案馆藏，资料号全宗第 124 号卷 502，第 9—10 页。
② 《包工作业一切摘要》，1929 年。本溪市档案馆藏，资料号全宗第 124 号卷 63，第 149—155 页。
③ 《本溪湖煤铁有限公司附属医院火灾号外》，1929 年。本溪市档案馆藏，资料号全宗第 124 号卷 502，第 22 页。

第三节　生产经营

一　生产情况

低磷铁是军工生产不可或缺的基础性原料,对于自然资源十分匮乏的日本来讲十分珍贵,特别是日本海军的舰船制造业对低磷铁的需求数量尤为庞大。此前日本在低磷铁供应方面一直依赖于遥远的瑞典。随着第一次世界大战的爆发,几个重要生产国的低磷铁产量因战事迅速萎缩,再加上多条海上航路的阻断,引起国际市场上低磷铁的价格一路飙升,这使日本当局对于实现自给低磷铁的愿望变得十分迫切。他们经过挑选和物色之后,认为庙儿沟铁矿不仅矿石蕴藏量大、纯度高,而且其周边有十余个小型矿区可做补充。根据检测,"南芬庙儿沟的铁矿全部是磁铁矿,经磁选后,磷可低于 0.075% 以下;用本溪湖煤矿炼成的焦炭,灰分少,含磷低,用这样的焦炭炼出的生铁就是品质优良的低磷铁,是军工生产的重要原料"[1]。为了更好地利用,公司根据含磷量不同,将低磷铁矿石分成了 1 号至 9 号,低磷铁的生产工艺并不复杂,与处理贫矿的方法大概一致。[2]

从 1915 年煤铁公司生产低磷铁开始,很多年份的产量甚至可以与英国和瑞典全国产量相媲美。这种现象的出现,一则说明煤铁公司的生产速度步入了快车道;二则证实本溪地区优质铁矿石

---

[1] 李秉刚、高嵩峰、权芳敏:《日本在东北奴役劳工调查研究》,社会科学文献出版社 2009 年版,第 357 页。

[2] 佚名:《本溪湖煤铁公司之调查:工作次序》,《河南中原煤矿公司汇刊》1931 年第 3 期。

资源蕴藏量极大，发掘潜力可谓不俗；三则揭示了日本对于战争资源的掠夺已经到了丧心病狂的地步。

表2 本溪湖煤铁公司与英国、瑞典低磷生铁产量比较表　　（单位：吨）

年份＼地区	本溪湖	英国	瑞典
1915	2829	3672	6868
1916	10731	31615	2777
1917	4534	5462	3767
1918	691	17846	4217
1919	8554	44762	10783
1920	837	5856	14158
1921	1674	22728	18065
1922	783	9726	4066
1923	647	6365	662
1924	409	7809	14075
1925	1281	8185	2958
1926	1544	7595	239
1927	3280	6727	2958
1928	4030	8397	1695
1929	8320	9134	814
1930	3515	4034	1960
1931	11280	3696	1481
1932	15765	2948	418
1933	36925	—	10003
1934	54080	—	256
1935	50350	—	610
1936	66555	—	63

资料来源：李秉刚主编：《日本侵华时期辽宁万人坑调查》，社会科学文献出版社2004年版，第391—392页。

■ 二十世纪前期日资在华企业的演变

从表2中我们可以清晰地看出，煤铁公司从1915年至1930年期间内，低磷铁的年产量处于不断动荡过程中。到了1931年，在军方的巨大需求下，公司管理层调整发展部署，投入145万日元购置先进设备，重点开展低磷铁的采掘和冶炼业务，使得产量飞速提高。中国的本溪湖煤铁公司的产量在很多年份与英国和瑞典的年产量相当，甚至在个别年份还超出了两国的生产能力，可见本溪湖地区低磷铁的蕴藏和开采量是多么巨大！

公司在石灰石、耐火砖、耐火泥等生产部门也具有一定能力。公司从德国、美国购买了大功率发电机，增加电力供应，确保生产的正常进行。此外，公司还建设了厂区内的专用铁路，共有几十辆内燃机车和电力机车陆续参与到煤炭、铁矿的运输过程中。可是由于公司产量太大，机车亦无法满足其运输需要，因而原始的人力推车仍在使用。客观地说，公司的生产设施尚处于比较落后的状态。

"本溪湖煤铁公司的规模仅次于鞍山昭和制钢所，在钢铁资源方面优于鞍山。在本溪湖一带的矿区中，庙儿沟铁矿占首位。它位于安奉线南坟（今南芬）站东北约7公里处（南坟至本溪湖约30公里）。"① "合办"之初，公司仅有煤炭挖掘一项业务。不过，大仓对煤矿附近的庙儿沟铁矿早就觊觎已久，该铁矿的蕴藏量惊人，且富矿部分占的比重很大，极易开采。据日方估计富矿达到500万吨，而贫矿更是高达3亿吨。在庙儿沟矿区的铁矿中，上等磁矿的质量远远超过朝鲜铁矿，大量的下等磁矿也可以被充分利用。庙儿沟珍贵的富矿资源优势主要表现在以下六点：（1）矿

---

① 解学诗、张克良：《鞍钢史》，冶金工业出版社1984年版，第307页。

质优秀，都属于优质磁铁矿，完全可以通过磁力选矿设备进行初步挑选；（2）矿质较为脆弱，容易打压成分，便于运输生产；（3）铁成分很高，而硅酸等其他杂质含量很少，容易提纯；（4）含磷量极低，十分适用于比较高端的工业乃至武器制造；（5）硫黄成分虽然含量较高，但经过选矿、团矿以至最后的脱硫处理后极易祛除；（6）铜含量很低，且经过团矿炉烧结后基本可以还原出来。相较而言，上等磁矿的价格优势更加明显。从质量和价格两个重要因素考虑，庙儿沟铁矿确实蕴藏着诱人的经济价值。庙儿沟矿区的低磷矿石更是惊世绝伦，历史上该地出产的低磷矿石被称之为"人参铁"。相传宋徽宗妄图长生不老，派一批青年到东北地区寻找可以令人永生的人参，这些青年虽未找到相传的人参，但发现了一种奇特的铁石。他们便在此安家，并创造出了土法冶铁，这种罕见的铁石也就被称为"人参铁"。该地"人参铁"蕴藏量极大，根据1932年井门文三的调查报告，庙儿沟富矿（磁铁矿）含铁64.010%、二氧化硅5.680%、硫0.260%、磷0.015%，经过磁力选矿工场加工后，所得的低磷精矿粉中铁的含量可以提升至70.130%，其他三项依次下降至0.950%、0.021%、0.008%，再经过团矿炉炼造后，铁的含量回落至68.000%，其他三项指标分别是1.260%、0.010%、0.008%，趋于更合理的数值。通过选矿和团矿设备精选和初加工后被运到日本的山阳制铁所，山阳制铁所以木炭为基础燃料将低磷铁矿石进行脱硫，使其中的硫黄成分减少到最低限度，因而可以提炼成高级低磷铣铁，即纯铣铁。这一技术是依靠庙儿沟低磷铁矿石而成功的，而烧制所需的优质木炭也基本来源于本溪地区。

该地的炭也同铁矿石一样，含磷量极低，可以高效率地作为生产燃料。从庙儿沟直接发掘出来的煤炭一般被称作低磷素炭，经过洗炭场处理后得到洗粉炭，将洗粉炭运送到日本后，经过精炼设备的再处理使得灰、磷、硫黄含量再次下降，形成膨胀力和黏合力极强的、可以作为烧制高级低磷铣铁的优质燃料。

表3　　　　　服部调查的原料铁矿石的配合及原价

（配合比价格单位：%）

产地	矿质	配合比	含铁比	净含铁比	1吨价格	配合比价格
朝鲜	赫或质	6.00	5.00	3.00	6.00	3.60（55）
庙儿沟	上等磁	8.40	6.00	5.04	2.50	2.10（32）
庙儿沟	下等磁	5.60	3.50	1.96	1.50	0.84（13）
总计	—	20.00	—	—	10.00	6.54（100）

资料来源：本钢史志编纂委员会：《本溪煤铁公司与大仓财阀》，内部资料，1988年，第46页。

日俄战争刚刚结束，大仓财阀就派出人员对庙儿沟铁矿进行勘探。探明储量之后，立即向清政府提出开采申请，但一直未得到同意。在商讨本溪湖煤矿的"合办"事宜期间，日方也不断地以"合作"开采庙儿沟铁矿作为谈判条件。

表4　　　　　　　本溪湖地区铁矿埋藏量　　　　（单位：万吨）

铁矿	种类	埋藏量	可采量	比率
庙儿沟	富矿	1000	1000	65.23
	贫矿	45000	45000	33.63
八盘岭	富矿	200	200	56.71
	贫矿	—	—	—
财神庙	富矿	6	5	57.52
	贫矿	10	10	35.00
歪头山	富矿			53.87
	贫矿	900	900	32.15

续表

铁矿	种类	埋藏量	可采量	比率
通远堡	富矿	30	30	45.00
	贫矿	16	16	34.40
太河沿	富矿	—	—	—
	贫矿	8000	8000	—
小市	富矿	48	38	68.47
田师傅（付）	富矿	50	40	59.91
卧龙山	富矿	—	—	56.05
	贫矿	320	320	35.91
梨树沟	富矿	—	—	—
	贫矿	700	700	32.71
秦家岭	贫矿	—	—	48.28
马路沟	富矿	—	—	57.36
	贫矿	—	—	33.99
青山背	富矿	—	—	—
北台沟	—	—	—	—
合计	富矿	1500	—	—
	贫矿	70000	—	—

资料来源：解学诗、张克良：《鞍钢史》，冶金工业出版社1984年版，第308页。

时任中方总办的吴鼎昌也认为，公司兼营冶铁事业有助于公司获得更多的利润。当然，在本溪湖地区兼营冶铁事业确实具有得天独厚的条件：首先，整个中国的铁厂唯有大冶一处，这就决定了庙儿沟的冶铁产品几无竞争压力；其次，庙儿沟地区的铁矿蕴藏量十分巨大，可供长期开采，而且很多富矿部分裸露在地表、极易开采，不存在太多的技术障碍；最后，本溪湖地区煤炭储量虽不及抚顺煤矿，但其质地优良，多系无烟煤，足可作为炼焦之用，这一点尤其难得。故可就地取材，利用本溪煤炼出的焦

■ 二十世纪前期日资在华企业的演变

直接进行炼铁活动。

图6　庙儿沟铁矿一号坑坑口

资料来源:《本钢史》编写组:《本钢史》,辽宁人民出版社1985年版,第43页。

宣统三年(1911)大仓喜八郎再次来华与东三省总督赵尔巽直接谈判,双方经过讨价还价,最终达成协议,允许本溪湖煤矿兼营冶铁业务。同年,大仓喜八郎、驻奉天总领事小池张造、奉天交涉司许鼎霖签订了《中日合办本溪湖煤矿有限公司合同附加条款》。自此以后,公司业务便由单一的采煤作业转变为煤铁共同经营,其名称也由"本溪湖煤矿有限公司"改为"本溪湖煤铁有限公司"。随着公司资本投入的增加,次年又更名为"本溪湖商办煤铁有限公司",该公司系当时继汉阳炼铁厂之后中国的第二家大型炼铁厂。大仓还向许鼎霖建议,要求中方不再允许"合作"之外的第三方在本溪附近开办类似的企业,以此保证公司在炼铁业上的垄断地位。而事实上,大仓的担忧当属多虑:当地只有几座旧式炼铁作坊,根本无法对煤铁公司构成实质性的威胁。

第二章 中日"合办"时期(1911—1930年)

　　日方估计公司冶铁事业发展到一定阶段以后，仅靠庙儿沟出产的铁矿石远远满足不了其原料需求，届时将不得不从朝鲜等地大量进口铁矿石。为了节约成本，他们在窥伺庙儿沟铁矿的同时，还将目光瞄准了安奉铁路周边的草河口与连山关之间新发现的铁矿。"矿区共二百八十方里，纯粹出煤铁者约占百分之六十左右。现有煤洞五，开掘最远者在六千尺以上。"① 而冶铁所需大量煤炭也不是本溪湖当地的煤矿能够满足的。

　　为了达到良好的采掘效果，公司在庙儿沟附近的南芬建成了新式磁力选矿厂和烧结团矿炉，这些设备既可以处理庙儿沟的贫矿，更有助于生产优质低磷铁。1915年，日本海军舰政本部长、海军中将村上格一代表海军作为甲方与作为乙方的大仓喜八郎签订了《建立低磷铁制造所》协议，规定本溪湖煤铁公司用庙儿沟铁矿生产优质的铁矿石，每年至少为海军部生产低磷铁1万吨。为了完成低磷铁的生产任务，公司先后投入40万日元修建炼矿工厂，95万日元建设本邦木炭铣铁制造工厂，125万日元铸造优良铣铁制造熔矿炉，共计260万日元。出于军事扩张的需要，日本政府极力扶植军工业，在这260万日元中，有200万日元是日本政府拨付给大仓的低息贷款。

　　前文已经叙述过，庙儿沟地区蕴藏了大量的低磷铁。公司高炉每日可以处理低磷铁150吨、团矿设备可以日处理200吨。虽然数量不小，但这仅是1932年之后才能达到的水平。在此之前，公司冶炼燃料质量低下，灰分很高，导致发热量低燃烧迟钝，生产出的产品硫黄含量过大，副产品回收也不充分。1932年公司花

---

　　① 佚名：《本溪湖煤矿最近状况》，《矿业周报》1931年第113期。

费200万日元引进了亚洲最先进的黑田式高炉，无论在耐压力、燃烧性、风化度、化学物分离和副产品回收等方面都达到了一定的水平。

从1911年合作开始到1931年"九·一八"事变为止，这20年是所谓的中日"合作"时期。在此期间内，公司由一个只能采煤的小企业转变成了兼营选矿、铁矿开采、炼铁、炼焦、化工、团矿、发电等多种产业的大型企业。

随着安奉铁路扩建工程的完成，煤炭的运输问题得到了彻底解决，不需要再以交通不便为由而人为地控制煤炭开采量了，这样年采煤量就出现了快速增长。采煤业主要集中在本溪湖新洞的柳塘片区，因为该地煤炭蕴藏量大、煤层浅，易于开采。"奉天本溪湖矿区本为中日两国所合办，农商部前派技正虞和寅前往详细调查，其返部报告之情形大致如下：资本，中日共出资洋七百万元；矿区，为本溪湖新洞柳塘三处共占矿区二万二千一百八十三亩；矿量，平面计算共采二百二十五兆六十万二千一百七十七吨可采二十年之久；煤质，无烟煤其性质与英国加奇富煤相同为炼焦之佳品云。"① 开采流程上，有详细的流程和检验制度②，方式主要分为长壁法和残柱法——"上层煤及下层之一接层煤，其采煤用盘山长壁法，及残柱法两种。下层之二接层煤及五接层煤，则专用残柱法。"③ 在"合办"前10年，煤产量增长十分迅猛。"据调查显示，本溪湖煤矿自1910年初至1920年底共采煤

---

① 佚名：《调查：奉天本溪湖矿产之概况》，《矿业联合会季刊》1924年第5期。
② 《检炭规则》，时间不详。本溪市档案馆藏，资料号全宗第124号卷149，第54—57页。
③ 佚名：《本溪湖煤铁公司之调查：采煤法》，《河南中原煤矿公司汇刊》1931年第3期。

3164370吨。1910年平均每日产煤额不足200吨，至1920年每日平均产煤额已达1300余吨，此十一年间增加产煤额约达八倍，逐年详细产量如下：1910年58000吨，1911年100352吨，1912年149463吨，1913年270782吨，1914年301014吨，1915年275777吨，1916年322626吨，1917年438009吨，1918年374964.88吨，1919年416994吨，1920年456388.90吨。"①"合办"前15年，即从1911年至1926年，煤产量由100000余吨增加到了400000余吨。② 由此可见，合办之后的煤炭开采能力在逐年提升。相对于这样的产出和冶炼能力，其他产品从数量上讲更为庞大。生产成本方面，以1929年为例，煤4元/吨。③

为了提高产品质量及附加值，公司陆续建成和添置了很多设备。截止到1915年，建成选煤厂、洗煤厂各一座，其零部件多从德国进口。选煤由过去的手选变成了机选，此举大大地提高了选煤效率。到1928年，已经有5口斜井投入生产。与此同时，选煤、采煤和洗煤车间之间的内部轨道交通也日臻完善，而修建这些设备的初衷主要是为了解决煤炭炼焦的过程中灰分太大，影响焦炭质量这一问题。炼焦方面，"合办"之初仍旧采取中国土法——旧式圆窑进行烧炼，这种方法所需工作空间巨大、步骤烦琐。公司为了提高焦炭产量，设立了200余座焦窑进行烧炼，但每个月实际产量只有百余吨。到1926年，随着日本黑田式焦炉投入使用，公司日产炼焦量提高到440吨，其附属的回收化工车间还能产出一定量的焦油、沥青、塔油、萘、硫酸铵等

---

① 《奉天本溪湖煤矿调查报告书》，1928年。满铁资料馆馆藏，资料号第22259号。
② 佚名：《本溪湖历年煤斤产额表》，《安徽建设》1930年第16期。
③ [日]吉光片羽：《本溪湖城厂间矿产》，《矿业周报》1929年第49期。

副产品。尽管如此，由于缺少维护和零部件，黑田式焦炉仅仅使用了 5 年。

　　由于日本的制造工艺技术远远落后于德国等欧美先进国家，公司完全采取杀鸡取卵的开发方式，拘泥于眼前的蝇头小利，缺乏合理的长期规划和技术改进。在这种思想的指导下，在采矿方面，他们对庙儿沟铁矿的富矿部分采取了矿坑挖到哪里就采到哪里的发掘方式。为了提高掘进速度，他们利用当时最为先进的凿岩机进行作业。在对庙儿沟铁矿的开采过程中，公司还对与丹东和辽阳交界的多处地点进行发掘，但因矿藏量较少而停止，并由此将采矿重点全部集中到庙儿沟铁矿了。为了提高矿石质量，公司于 1918 年成立选矿和团矿厂，大量的贫矿被加工成精矿粉，并得以充分利用。此后的脱磷实验取得了巨大进展，为生产军工业所需的低磷铁打下了坚实的技术基础。团矿是一种用于高炉冶炼的重要矿源，并可以处理成更为精细的矿粉，不过团矿厂在建立初期仅能烧结富矿粉以及生产低磷铁制造原料。在公司尚未广泛地应用电力之前，卷扬的动力最初是蒸汽驱动，通风条件采用的是自然通风，随着 1913 年公司发电厂的建成，煤炭的运出、排水、通风、照明等都实现了电气化，电动泵、送风机、电灯等电力设施的应用大大提高了生产效率，客观上也提高了作业的安全系数。但公司在掘进、采煤、坑内运搬等方面仍然较为落后，即使是面对比较松软的煤层，原始的作业方式仍是收效甚微。1927 年两座洗煤厂、1 坑至 5 坑相继建成。但直到 1928 年，公司才购买了两台电钻用于掘进，而坑内运搬则通常采用肩扛的原始劳动方式，为了加快运搬的速度，在较为宽阔的煤层还使用过牲畜运输。其具体的生产过程也是秩序井然：

第二章 中日"合办"时期(1911—1930年)

将矿石采得后,碎为小块,与焦质(即炭)及石灰同置熔矿炉中,炉之构造,则内部以耐火炼瓦造成,外则包以铁板……至于热风炉,则瓦斯于此炉内燃烧五六个小时,待炉内之空气已达高热度,乃导入溶矿中以备应用云云。①

这些工程陆续完成后,煤铁公司已经拥有数处铁矿山,待铁矿石被采掘粉碎后就可以通过内部的铁路运输到熔炉车间。尽管当时的生产设备无法与欧美先进国家媲美,但在亚洲也是首屈一指。不仅如此,引进了先进的管理经验,公司的整个生产流程显得井井有条。为了提高铁矿质量、扩展产品类型,公司又兴建了选矿厂和团矿厂。

图7 南坟选矿厂

资料来源:《本钢史》编写组:《本钢史》,辽宁人民出版社1985年版,第44页。

---

① 刘振瀛:《本溪湖煤铁公司参观记》,《同泽半月刊》1930年第4卷。

■ 二十世纪前期日资在华企业的演变

图8　本溪湖团矿厂

资料来源：《本钢史》编写组：《本钢史》，辽宁人民出版社1985年版，第45页。

冶铁方面，随着第一次世界大战的爆发，国际市场对生铁需求不断增多，直接推动了价格的暴涨，企业的高级管理者从中嗅到了诱人的商机。在双方总办的共同推动下，公司股东大会决定立即建设两座现代化高炉，要让公司成为东北第一的新式生铁冶炼企业。但由于日本的装备制造业水平尚不足以设计和修建高炉，遂决定高炉从英国匹尔森诺尔斯订货，而附属的卷扬机、锅炉、送风机和发电机从德国购买。与此同时，为了配合新式设备的投入使用，公司还进行了相应的人事调整：

> 技术方面的指导，依靠八幡制铁所，由该厂的初代技监大岛道太郎，高炉部长服部渐来担当此任。大仓日本方面派出初任总办岛冈亮太郎。①

---

① 本钢史志编纂委员会：《本溪煤铁公司与大仓财阀》，内部资料，1988年，第43页。

76

1915年初，一号高炉正式建成投产，其运行效率之快和产品质量之优完全出乎技术人员的预料。"第一高炉点火时，采用热风点火法，比从前旧式木炭点火法成绩较好，为高炉冷水循环使用起见，设沉淀池。一则可免断水之虞，一则可避免羽口故障。"① 这套生产设备在各个技术环节堪称完备，公司也借此在第一次世界大战期间大获其利。可是好景不长，随着战争的结束，国际市场上生铁价格持续走低，产品销路成了大问题，冶铁业也逐渐走向低谷。直到低磷铁研制成功后，公司的冶铁业务才开始复苏。"另外，由于大战，第二座炉子的设备，以第一座炉子的蓝图为基础在满铁大连沙河口工厂制造的。大部分是依靠该厂的，但重要设备予定向欧洲定货。"②

二 销售和盈利情况

生铁和钢的市场价格与国际形势紧密联系。"欧战发生后，铁价暴涨，竟自每吨三十元累升四百元。"③ 低磷铁的销路方面，公司依照低磷铁的纯度分为上级、下级2类共8级。上级低磷铁主要销往日本的海军吴工厂、日本制铁所、神户制铁所、住友制钢所以及大阪工厂，用于军舰和其他武器制造；下级低磷铁则销往日本钢管、大岛制钢和东京钢材等民用工业企业。事实上，东南亚—东亚地区能出产低磷铁的地方区区可数，所以无论何种品质的低磷铁都长期处于供不应求的卖方市场。当然，

---

① 王昭章：《本溪湖煤铁公司制铁工作概况》，《矿冶》1929年第10期。
② 本钢史志编纂委员会：《本溪湖煤铁公司与大仓财阀》，内部资料，1988年，第43页。
③ 王清：《本溪湖煤铁公司铁矿磁选工程之设备及其作业成绩》，《建设（南京1928）》1934年第15期。

随着工艺改进以及经验积累，低磷铁的纯度也在逐渐提高。

高炉未投产之前，公司的产品只有煤、焦炭以及向周边地区输送的少量电力。起初因为满铁昂贵的运费以及与抚顺煤矿的竞争，煤的销售量很少，出现了大量的积压，焦炭也因为品质不好而销路受限。后来随着与满铁协议运输价的商定，以及选煤厂、洗煤厂的建成，大大地提高了焦炭质量，销路大有好转。但是运费过高始终是制约产品销路的重要因素之一，抚顺煤矿的产煤量远大于煤铁公司，但其不必为昂贵的运费所忧虑，因为其自身就是满铁旗下的企业。如果以本溪湖和抚顺煤矿的运费进行比较，则二者遭受的不公平"待遇"就显而易见了。

表5　　　　　　　　1911年抚顺煤及本溪湖煤运费率

产地	运到地点	运费率	备注
抚顺	到各地	0.008	—
本溪湖	到各地	0.020	本溪湖煤普通运费为每吨哩1钱8哩，但30吨车皮只准装27吨，故计算为2钱
	到营口	2.210	根据特定运费率，按到营口的哩数计算运费率
	到大连	3.360	同上，每吨哩1钱2哩
	到若松炼铁厂	3.500	由本溪湖经由营口到炼铁厂的车船联运运费

资料来源：本钢史志编纂委员会：《本溪煤铁公司与大仓财阀》，内部资料，1988年，第42页。

在这样的情况下，一向与大仓不和的总领事小池也认为应该以帝国的整体利益为重，借助外务省的影响对满铁施压，力图扭转满铁对煤铁公司的不公正待遇，但满铁却丝毫不理会其提醒，仍旧我行我素。煤铁公司方面也在进行了一些努力，股东大会上所有股东一致委托大仓和满铁进行交涉，几轮商谈下来，大仓不得不承认降低运费的公关活动没有成功。

第二章 中日"合办"时期(1911—1930年)

煤在销路方面，大致可分为三个去向：第一，在公司就地进行炼焦，而最初生产出的焦炭只供自身炼铁之用，后来日本方面认识到该公司生产的焦炭质量上乘，遂决定增大炼焦量，并逐渐开始供应伪满洲国乃至朝鲜的钢铁厂；第二，支持公司的其他生产以及其他用煤；第三，外销，而外销的量往往与炼焦用煤量呈现此消彼长的关系，当公司的炼焦量十分巨大时，煤矿仅供自给，反之当计划炼焦量很少时，多余的煤则用于外销。以"合作"最后10年（1921—1930）为例，煤外销到满铁的占52%、上海地区占17%、日本各地占14%、八幡制铁所占13%、海军德山炼焦厂占4%。虽然销路看似很广，但实际上大仓经常为大量滞销的煤发愁，因为随着资本主义世界的第一次经济危机风暴来袭，各地生产都开始萎缩，日本和中国的国内部分企业开始全部或部分停工，用煤量自然也是大幅降低。伪满洲国境内的企业也未能幸免，满铁旗下的货车明显不活跃，所需的燃煤自然也随之减少，何况还有抚顺煤矿等更大型的煤矿也在死亡线上挣扎。大仓为了维持煤铁公司的燃煤能在满铁畅销，竭尽所能才保证一定的销售量，而伪满洲国境内其他企业的用煤量有相当程度也是由满铁进行调配和运输的。

情况到了后来才有所好转，日本国内的军方用户虽然数量有限，可是随着战事的不断扩大，军方用煤量所占的比重亦节节攀升。日本官方买家除了八幡制铁所外还有铁道院等单位，虽然煤铁公司向铁道院销售的煤逐渐减少，但其差额迅速地被大仓旗下的北海道茂尻煤矿所取代。"除军用官用之外，作为日本国内的一般市场有：小野田水泥厂、田中矿山部、久保田铁工所、东京瓦斯、名古屋瓦斯、东邦瓦斯、广岛瓦斯等煤气公司、三菱矿业会社牧山炼焦厂、大阪舍密工业、东京舍密炼焦厂、龟户炼焦厂、神奈川炼焦厂等焦炭制造，化学工业等厂家。"①

表6　　　　　1924年至1931年大仓的本湖煤契约额　　　（单位：吨）

年份	1924	1925	1926	1927	1928	1929	1930	1931
八幡制铁所	1000	6000	—	—	4000	—	—	—
东京瓦斯	—	4000	2000	4000	—	—	2500	1000
东邦瓦斯	—	300	500	—	—	—	—	—
大阪舍密工业	3024	—	—	—	—	—	—	—
东京舍密炼焦厂	—	—	—	70	—	500	—	—
龟山炼焦厂	—	—	—	200	550	1200	—	—
牧山炼焦厂	—	—	5500	4700	4000	8000	—	—
神奈川炼焦厂	—	1000	500	—	—	—	—	—
日本商事	14000	1000	6000	4000	1000	—	—	—
[日本小计]	18024	12300	14500	12970	9550	9700	2500	1000
第二浦制铁所	15000	36000—51000	41000	—	97000	75000	—	80000
合计	33024	48300—63300	55500	12970	106550	84700	2500	81000

资料来源：本钢史志编纂委员会：《本溪煤铁公司与大仓财阀》，内部资料，1988年，第36页。（注：原表数据有误，核实后修改。）

就煤炭的品质而言，相比于开平、三池、鹿岛、润野八尺、高尾五尺、满之浦、天草新山、田川煽煤、抚顺和伊贺亚煤等企业所生产的煤，本溪煤优势在于具有膨胀的黏结性，表面有银白色坚硬的焦炭适合冶金使用。而邻近的抚顺煤矿，虽然采煤规模和产量远远超过煤铁公司，但其旗下只有龙凤矿出产的煤具有黏结性，因而抚顺和烟台的煤多半只能用于炊事、取暖等日常生活中。这就决定着抚顺煤矿的煤销路往往不如煤铁公司的煤。当

---

① 本钢史志编纂委员会：《本溪煤铁公司与大仓财阀》，内部资料，1988年，第34页。

然，即便如此，本溪煤的销路在伪满洲国境内也受到了抚顺煤和兼二浦煤的巨大冲击。煤铁公司也存在着少量的黏结性较差的煤，这部分主要用于铁匠铺、居民家庭和榨油坊。煤铁公司的煤也有缺陷，就是灰分太大，要想充分使用必须要经过水洗。公司成立选煤厂和洗煤厂之后，有80%的煤可以成为精选煤，这些精选煤都作为炼焦原料或者外销了，其余的煤就留作公司自用。从销售的趋势上讲，销往日本的煤所占比重不大，特别是从1920年开始，公司销往伪满洲国境内和朝鲜的煤比重不断加大，这样销往日本的煤就从10%的比重下降到4%—5%。到1931年"合作"停止之际，更是下降到了1%，而销往日本的煤主要供给东京瓦斯和东邦瓦斯这样的企业。从1930年开始，销往昭和制钢所的煤急剧增加；从1932年起，销往兼二浦制铁的煤量也快速攀升。

除了煤铁公司，整个东北地区的重工业产品走向也基本如此，各企业的关系亦十分密切。根据1926—1930年的一项统计，"资源性产品煤炭、焦炭的出口中有45.9%面向日本；原料类产品中，铁类产品出口至日本的比例更高达83.6%"[1]。显然，"九·一八"事变之前，中国东北已经成为日本重要的能源产地和工业产品销售地。还有一些半成品集中销往日本本土进行军事生产，运往朝鲜维持占领军的日常消耗，送到昭和制铁所等煤炭消耗大户提供能源保障，仅有少数作为商品流通到各地的市场上。虽然公司的产品在"合办"伊始供过于求，但毕竟是采用了先进的开采、精炼、冶炼工艺，因而还是年年盈利的。但由于公

---

[1] 付丽颖：《伪满洲国初期的对外贸易》，《外国问题研究》2011年第4期。

司多为大仓财阀所拥有，中方所得的实际利益想必也极为有限。

再来看生铁销售。其产量的一半销往中国青岛、芝罘、天津等地，另有少量销往台湾，其余的都销往日本的东京、神户、名古屋和九州。在销售至台湾和日本国内的过程中，都是通过大仓矿业会社进行代售，然后大仓矿业会社向大仓商事会社和共荣组以及大宗客户直接销售。在此过程中，大仓矿业会社从中抽成，这就意味着大仓通过销售渠道又在"合办"过程中谋取了巨大的额外利益。而大仓矿业会社采取的赊销策略，往往导致资金无法及时回笼，给公司造成了很大的财政困难，此举也引发了中方的强烈抗议。此外，石灰石除了自身的消耗以外，其余部分都销往满洲及朝鲜。纯铣铁和优良铣铁也是畅销品，前者被运送到日本本土之后，再由海军吴工厂和一些私立工厂进行加工制造成甲板、炮塔和炮盾，而后者则由日本官立工厂加工成军舰内各种设备。

1921—1922年，国际市场形势风云突变，生铁销路萎缩，企业的炼铁部门为了避免巨额亏损而暂时关闭，采煤也受到了设备落后、劳工积极性不高等因素的影响，产量直线下滑。在此期间，公司因收入微薄而不得不停止年度分红。到1923年，随着国际市场煤炭价格上涨以及本溪煤具有黏结性这一巨大优势，即使在冶铁部瘫痪的情况下，公司依旧保持盈利。好景不长，此后公司持续盈利的瓶颈日益凸显，由于煤炭事业是公司主要的盈利项目，而采煤坑使用过久，已经进入深度开采阶段，所需维护费用持续增加；由于受地面各种不规则建筑物的限制，出煤口往往在不合理的地区，导致运煤费时费力。直奉战争爆发后，大批劳工被强行征用充军，造成劳动力的严重匮乏，即使能补充到新的劳动力也要花费许多资金才能招募到；安奉铁路沿线木材已消耗殆

第二章 中日"合办"时期(1911—1930年)

尽,煤矿内所需坑木只得从较远处购买,增加了运输成本。还有金融因素,市场上各种货币的汇率持续变动,尤其是在收入和支出的过程中,日元和大洋要经常转换,汇率的不稳定给公司经营也带来了潜在的金融风险。此外,中日双方人员的习惯、文化和知识也存在诸多差异,这在无形中降低了工作效率。为了持续盈利,公司内部进行了详细探讨,考虑到每一个可以降低成本的细节,并实施了精简机构、将部长制缩小为科长制、废除理事、降低总办等高级别管理人员的薪金等一系列措施。

尽管公司接受了来自日本政府的巨额资助,然而其生产过程并不是一帆风顺。公司原来打算从国外进口先进设备进行低磷铁冶炼,但由于航路受阻变得遥遥无期。因此,大仓喜八郎不得不购买本国生产的机械设备进行试产,历经4年之久才将设备安装调试完成。此后,在华盛顿召开的世界裁军会议,要求各国在10年之内不得新建主力战舰。这一消息犹如晴天霹雳,刚刚安装好的设备不得不面临停产的厄运。

当然,公司发展的机遇与挑战是并存的。随着日本军国主义野心的不断膨胀,1921年和1925年,公司应海军部的要求进行了两次低磷铁生产试验,用焦炭取代木炭作为燃料之后,试验取得了巨大成功。为了节约生产燃料,1925年公司开展了"燃料节约运动"[①]。自1927年起,公司开始正式接受海军部的军事订单,为日本的军事扩张提供了大量的军事物资支持。与此同时,民用需求也大幅度地增加。

---

① 丰田贞次郎、岛冈亮太郎:『燃料節約運動ニ關スル件』,1925年。本溪市档案馆藏,资料号全宗第124号卷60,第86—87页。

■ 二十世纪前期日资在华企业的演变

表7　　　　1927年和1929年公司出口生铁的发送地　　（单位：吨）

年份 地区	1927	1929
东京、横滨	15310	18268
新岛及其他	60	1070
名古屋、四日市	5420	9560
大阪	11170	10277
门司、下关	2500	2100
台湾	2030	1091
青岛、芝罘、天津	3360	5880
计	39850	56566

资料来源：本溪湖煤铁公司：《公司事业概要》，内部资料，1930年，第28页。

接下来关注公司的盈利问题。日本的自身需要和国际市场的强大需求，让大仓财阀和奉天省政府赚得盆满钵满。"合作"时期的整体年均分红率达到10%，远远超过预期的8%：

> 本公司上年营业状况时，据称，上年可获盈余二百八十万元之谱。除各项支出外，约净得余利一百五十余万元，内须提付中国报偿金等项计四十余万元，归中日各股东应分之红利则有百万元，各得半数尚有余款。①

在不断扩大生产，积极引进国外先进设备的前提下，公司的生产效率持续提高，煤、生铁和低磷铁等产品也赢得了良好的国际声誉。一方面，虽然"合作"期间的国际市场出现了多次剧烈波动，但由于日本方面的持续买入，使得公司在市场低迷时仍不

---

① 佚名：《各省纪事：本溪湖煤铁公司之获利》，《安徽实业杂志》1919年续刊第30期。

至于蒙受巨额损失。另一方面,由于中国较为封闭、与世界的联系不甚密切,所以中国国内的市场也始终比较稳定。

"合办"期间,公司对盈利金的具体分配视当年盈利情况而异,但也遵循着基本的原则,即《合同》第4款本溪湖煤矿开办后每年所得余利照后开章程办理:如果公司盈利一般,则只进行一次分配(即优先分配,包括固定资产折旧费、矿务学堂公积金、慰劳金、分红共4个部分);而如果公司盈利较多,那么就进行优先分配和再次分配(报效金、公积金、研究费公积金、社员退职慰劳基金、再分红、下期滚存金等)两个步骤,其具体操作如下:公司当年的利润为资产金额的8%时,就把这8%的利润进行优先分配;利润不足8%时,改用其他比例进行分配;利润高于8%时进行再次分配。

表8　　　　1911—1930年本溪湖煤铁有限公司的
资本、利润、股息　　　(单位:龙银元)

年度	资本额	实缴资本额(A)	利润(B)	利润率 B/A	股息(C)	股息率 C/A
1911	2000000	2000000	70246.91	3.5	0	0
1912	4000000	2600000	108631.30	4.2	60000	2.3
1913	—	3400000	195282.10	5.7	120000	3.5
1914	7000000	4900000	194425.76	4.0	143000	2.9
1915	—	—	157959.31	3.2	121000	2.5
1916	—	5150000	896287.36	17.4	432000	8.4
1917	—	—	1646097.55	32.0	824000	16
1918	—	—	2460857.40	47.8	1236000	24
1919	—	5430000	1413266.89	26.0	543000	10
1920	—	5973000	418355.73	7.0	179190	3
1921	—	—	228102.06	3.8	0	0

■ 二十世纪前期日资在华企业的演变

续表

年度	资本额	实缴资本额（A）	利润（B）	利润率 B/A	股息（C）	股息率 C/A
1922	—	—	272406.14	4.6	0	0
1923	—	—	516632.86	8.6	296650	5
1924	—	6271000	643633.90	10.3	313550	5
1925	—	6583000	637965.67	9.7	329150	5
1926	—	6911000	898277.55	13.0	552880	8
1927	—	7000000	996141.10	14.2	560000	8
1928	—	—	1156739.62	16.5	560000	8
1929	—	—	1327831.02	19.0	700000	10
1930	—	—	821890.46	11.7	不明	不明

资料来源：《本钢史》编写组：《本钢史》，辽宁人民出版社1985年版，第57页。

在固定资产折旧费的问题上，中日双方存在明显的分歧。事实上，奉天省政府和北京中央政府对这一问题也是貌合神离。中国股东代表、奉天省财政厅厅长王永江认为，合同中没有明确规定固定资产折旧费，而大仓认为折旧问题是客观事实，扣除折旧费也是理所应当的。因而在折旧费的问题上，中日双方每年都在讨价还价。比如1916年度，日方要求从盈利中抽出40万日元作为折旧费，最终奉天省政府和大仓达成妥协，支付25万日元的折旧费。最终，在"合作"即将分裂的1928年，双方达成协议，分红金额能达到盈利的10%时，折旧费为3%，其余情况下为2.5%。折旧费的争议反映了一个事实：由于中国是官方参股，具体执行者没有积极主动性，没有考虑到公司的进一步发展。而有着实际经营实权、技术实力的日方妄想长期经营煤铁公司，因而极力主张设立折旧费。以客观实际而论，一个长期生存和发展壮大的重工业企业，折旧费是必不可少的。中方由于缺乏资金，只看眼前利益采取竭泽而渔的办法，竭力追求短期最大利益，而有着丰富政治和商业经验的大仓，为了能够长期获利而极力主张抽取折旧费。

学堂金和慰劳金等奖金基本不存在争议。根据《中日合办本溪湖煤矿有限公司合同附加条款》第 3 款之规定，庙儿沟铁矿不作为权利股份，但须于每制铁 1 吨提银 2 钱，为中国办理矿务学堂等用。后改为日元结算，每出 1 吨铁提取的学堂公积金为 0.09 日元至 0.15 日元。其中分红部分，按照《合同》为已缴纳股本的 8%；给予办事人员和职员的慰劳金（奖金）另行计算：1915 年为盈利的 6%，1917 年改为 5%。给予督办的慰劳金为盈利的 1%。

报效金一直是中日双方争议比较大的部分。1916 年，奉天省政府就与大仓进行交涉，并领取了少量报效金。1917 年，北京中央政府提出煤铁公司的盈利金分配方案中应该增设报效金，并命令王永江与大仓进行交涉，要求将这项资金以制度形式固定下来。可是大仓却认为报效金是落后于时代的东西，理应废除，他指出在发达国家，为国家积极炼铁支援建设，企业不仅不向国家缴纳诸如此类的费用，反而还可以从国家获得一定的资金补贴来发展生产。虽然大仓的说法得到了奉天省政府的支持，因为报效金与分红是此消彼长的关系，但由于北京中央政府的一再坚持，报效金项目还是被确立下来。事实上，由于企业收益的时好时坏，最终只有在盈利颇丰的 1916 年、1917 年、1918 年、1919 年、1928 年、1929 年提取了部分盈利作为报效金。

第四节　控制权变化

按照合同规定，中日双方各任命一名总办作为日常生产的最高管理者，有事相互协商。股东大会是公司的最高权力机构，公司的各项权力均为中日各掌握一半。事实上，在"合办"之前，日军关东都督府以及大仓财阀就计划利用多种手段来篡取公司的绝对领导权。

公司股份以及财务方面。《合同》的第 3 款明确提出了"公司办理本溪湖煤矿其股本限定贰百万元，以北洋大银圆为准，中日商人各出其半"。当时中方财力不足，便以矿权、政府投资和商人投资等集合起来凑足本金；盈利方面，中方要求先行提取纯利润的 1/4 交给中国政府作为税金；一成作为共同的公积金，中方按照条款至少能获得一半收益；剩余的六成五作为真正的纯利润中日双方平分。从条约的条款来看，中方大概能收获六成的纯利润，以此作为中国矿权丧失的一种补偿和慰藉。然而好景不长，大仓财阀早在"合办"之前就打好了如意算盘。"合办"开始不久，大仓喜八郎就极力要求公司买下庙儿沟铁矿的开采权，在煤炭业务的基础上兼营冶铁事业。为达到这一预期目标，在政治上，大仓通过日本政府对中国中央政府和奉天省政府施压；在军事上，狐假虎威地利用与关东军都督府的良好合作关系对中方进行威胁；在经济上，借口看好国际市场的前景（实际上是以适应自身军事扩张为目的）进行利诱。为了防止其他列强分享这块肥肉，日方特别要求在条约中规定公司的资金来源只能是中日双方，而不得来源于其他国家。中国中央政府积弱积贫，奉天省政

第二章　中日"合办"时期(1911—1930年)

府的资金更是捉襟见肘。因而此时向中方提出增资扩大生产的要求，其实质是逼迫中方对外借债。而此时的北洋政府财政极为紧张，根本无力筹资扩大生产，奉天省政府不得不向日方借债。1912年向大仓借款100万日元，实际只能拿到95万日元，每年还要支付7.5%的高额利息，1914年又借款50万日元。这两次借款是以煤铁公司、安东采木公司的中国股份以及抚顺煤矿的矿产税为担保，也就是说，若奉天方面无力偿还贷款，煤铁公司、安东采木公司就会全部被日方独占，抚顺煤矿也无须向中方缴纳本已少得可怜的矿税了。日方策划这次借款的更深层次的考虑是，大仓虽然账面上以7.5%的年利率借款给中方，而实付九五折，那么实际的借款利息就高于八成了。他们还预料到，以奉天省政府的财力是难以按期归还的，中央政府也定无余钱相助，一旦到期未能还款，两家企业（本溪湖煤铁公司和安东采木公司）便会为日方所独有。公司"合办"初期，只有些许盈利，但盈利率不足7.5%，也就是说即使在公司盈利的情况下，中方为了偿还欠款，不但没有收益，反而要倒贴钱。在实际的资本占有率上，如果把日方借与中方的150万日元计算在内，那么大仓的投资占到煤铁公司资产的八成。

此外，大仓还以资金短缺为由，召开股东大会讨论发行股票事宜，与会的中方代表虽然面露难色，却丝毫不敢违逆日方的意愿。1916年股东大会顺利通过日方提议，开始发行总额为200万日元的债券，年息8厘。顺其自然地，债券全被日方所购买，这样大仓不但能吃到每年8厘的红利，更把公司的资本和控制权牢牢地握在了自己手里。由上可知，在整个"合作"时期内，为了公司的业务扩展，中方不得不向日方大举借债，债主甚至就是自己的合伙人。这最终导致大仓股份的比重日益增多，即使年成较好，新近投资的回报率也往往只比利率高一点，这意味着投资的整体回报率是相当低的。而在其后的投资中，大仓暂时也迫于压力无力注资，但其想出了发行社债的方式进行扩张，待有流动资金后再认购社债。如1916年发行的200万日元社债，在两年之内，大仓就先后通过10次认购从容地全部买下了。"1921年，日本又与中国政府签订了'附加条款'，攫取了距本溪湖一百华里内地区经营铁矿的权利。于是，中日合办本溪湖煤铁公司成立，且双方约定不许第三国出资。"① 与发行社债相比，日方为了迎合战略资源的强大需求以及满足广阔的国内外市场，不断地扩大公司规模，合办时期也是概莫能外。"日本帝国主义对东北的投资额不断增加，仅煤铁公司一个企业从一九一一年——九四一年三十年间，就前后增资五次，资本额由北洋龙银二百万元（按一九一九年：一、四比率算，合二百八十万日元），增至二亿日元，增加了七十多倍。"② 由于中方资金严重短缺，原本就很少享有话语权的中国政府和中方管理者的处境也越发尴尬。

"合作"期间，奉天的上层政府一直不太稳定，1915—1916年，段芝贵任奉天巡抚掌控大权；1916年张作霖驱逐段芝贵；1928年张作霖被炸死，其子张学良掌权。上层政局的动荡直接影响了公司的人事任免。根据合同，双方各委任一名总办处理公司的日常事务。"合办"的21年间，日本方面人事更替正常，

---

① 李雨桐：《"九一八"事变前日本对东北煤炭的觊觎》，《外国问题研究》2014年第2期。

② 刘万东：《从本溪湖煤铁公司看日本帝国主义对我国东北的经济侵略》，《辽宁大学学报》（哲学社会科学版）1982年第2期。

只有岛冈亮太郎、岩濑德藏、鲛岛宗平3人先后担任总办。中国方面有巢凤岗、吴鼎昌、管凤和、葆真、赵臣翼、王宰善、谈国楫、李友兰、周大文9人先后担任10任中方总办，可见中国总办更换之频繁，这种频繁的人事更迭也注定了中方很多政策与管理方法无法得到有效实施。"在所有的华督办、总办或董事中，并非没有一个能人，如本溪湖的某一任总办王宰善，办事干练，又懂外文，他在1916年7月通过同日方交涉，改变了公司开办以来以六、七折纳税的积习，实现了矿税的十足缴纳。可是这样一位通晓矿务而有功于国家的人才，却最终遭到排挤，被调离华总办的职位。"① 这一点也引起了日方的极大不满，因为两个总办在很多事情无法协调，拖延了很多计划的实施。而且中国股东都是由政务厅长、财政厅长等官员兼任的，总办也多系奉天省政府官员兼任，他们往往更看重在政府中的权力，对公司的发展漠不关心。因而很多人只是名义上兼任，并不常驻公司处理日常事务。可想而知，在中方总办经常缺席的情况下，公司的日常事务往往会旁落日方总办之手。末任中方总办周大文就曾以避暑为由到哈尔滨，还公开接受采访，而且夸夸其谈、大言不惭：

> 本溪湖煤铁公司总办周大文因避暑来哈，记者二十七日往访于马迭尔旅馆，叩以该公司状况所得均外闻所未闻。②

---

① 杜恂诚：《日本在旧中国的投资》，上海社会科学院出版社1986年版，第411页。
② 佚名：《国内经济事情：本溪湖煤铁公司状况（合同有效期尚有十年，产煤销东省铁销日本）》，《工商半月刊》1930年第13期。

■ 二十世纪前期日资在华企业的演变

中层技术人员方面，虽然合同规定双方技术人员的人数对等，但是中方的技术人员稀缺，只能由大量的日方人员来填补缺位。此外，中方在各级人事方面不看技能只看关系，仅有的少数中国优秀技术人才并未被安排在合适的岗位上，其多年海外苦学所获的知识与技能很难得到施展。由于技术人才不足以及中方任人唯亲的人事管理方式，公司技术层面的权力也基本被日方所把持了。

由于日本在总办、技术人才等方面均占优势，公司多数事宜往往超出了中方的掌控范围。大到公司重大项目的上马、小到办公用品的选购均系日本人所决定，所以即使中国生产的机械、原材料、办公用品等比日本商品价格低廉，公司仍购买日货，尤其以大仓财阀旗下公司生产的产品为首选。这种日方任意定价、自产自销的方式，导致公司运营成本提高以及实际利润下降。而这种方式仅仅是日方为了使利润向己方倾斜的惯用伎俩之一。

虽然公司的中方管理人员在实际工作中已处于劣势，但中方的实际主体——奉天（辽宁）省政府却期望从各处彰显其权威，通过以下这件小事便可窥见一斑：

> 本溪湖第一区区立第八小学校，东山下有荒地一段……该公司坚持永租不能订立年限。辽宁省政府以案关学产永租，又系永租与中日合办煤铁公司，应候教育厅会同农矿厅交涉署核议具报。①

---

① 佚名：《辽省府对于中日合办本溪湖煤铁公司租地之慎重》，《矿业周报》1929 年第 81 期。

图9　庆祝本溪湖煤铁公司成立二十年纪念
（前排由左至右：张学铭、大仓喜八郎、周大文）

资料来源：佚名：《本溪湖煤铁矿廿周纪念·本溪湖煤铁矿工场》，《国闻周报》1930年第21期。

可见，地方政府试图对日方实际操控下的煤铁公司的扩张进行严密监控，但是这种监控却收效有限，甚至妨碍了公司的正常发展。

第五节　利润转移

日本在中国东北全境依靠其强大的金融系统榨取着自然资源，煤铁公司也概莫能外。"日本垄断资本的银行如住友银行、三菱银行等，就在中国吸收中国的资本。中日合办事业也是吸收中国资本的一个手段。"[①] 而日本货币在东北市场的占有率很高，

[①] 张雁深：《日本利用所谓"合办事业"侵华的历史》，生活·读书·新知三联书店1958年版，第9页。

"到1920年初，哈尔滨地区的日币流通量已超过货币流通量的一半，中国货币连现洋在内不足三分之一；若仅以纸币计算，日本占到67.89%之多。"① 日本金融机构在中国增长速度也极其惊人，"中国东北地区的日资银行及其分支机构数量不断增加，1913年达到10家总店，下设22家分支机构。1922年中国东北地区日资银行数量达到顶峰，有28家总店及其辖内的55家分支机构。"② 日本银行不仅成为本国的军事侵略和经济管控的强有力工具，其自身也通过各种手段获得巨额利润，横滨正金银行奉天支行就存有大量1928年至1935年与煤铁公司往来的票根③，而且多是以时任日方总办的鲛岛宗平名义签署的。可见，近代以来日本不择手段地在中国攫取巨大的经济利益。无论是强占还是所谓的"合作"，其目的是一致的。根据《合同》第4款乙项之规定："即支利息之后所余之款分作十份，以一份提作公积，以二份五付交中国政府作为公司报效中国国家之款，其余六份五归中日股东平分。"也就是说，"合办"的公司挖掘的是中国境内的煤、铁矿藏，因此要将1/4的纯利润上缴中国中央政府作为资源的探勘、采掘费用，若不上缴此费用，则无权进行开采。大仓财阀对这笔利润流向中国一直耿耿于怀，从"合办"初期就想方设法地废除此项条款。

日方进行了相当充分的准备工作，其一就是通过贿赂拉拢中

---

① 孔祥贤、张毓昌：《十月革命后日本在吉黑地区的金融扩张和中国当局的对策》，《民国档案》1988年第3期。

② 付丽颖、孙汉杰：《日元扩张与伪满货币制度的建立》，《外国问题研究》2012年第3期。

③ 《满洲、正金银行支票存根》，时间不详。本溪市档案馆藏，资料号全宗第124号卷451。

方官员、军阀，让其在必要时支持自己。1916年，大仓喜七郎提议从公司纯利润中提出一部分资金，作为奖励给总办和各级职员的"红利"。其具体数额为公司纯利润的1%奉上给督办；纯利润的1.5%给予两位总办；纯利润的2%发放给各级职员。此举不仅收买了下层各级职员，更讨好了中央政府所派的督办。起初中方督办——外交部特派奉天交涉员马廷亮假意推辞，大仓喜七郎则坚持说："自后公司事业请督办格外尽力保护，则股东等受益匪浅，此次慰劳请督办勿再推辞。"① 果然，没过多久，马特派员就在关键时刻"保护"了公司一次。

1917年，大仓喜七郎在股东大会上提出"合办"条约签订之时，各国在华没有矿业权，因而日方愿意向中国政府缴纳相当之利润。而今，西方诸国已在中国多地享受矿产的开采权，公司就没有必要缴纳给中国政府报效金了。日方在会议上咄咄逼人，要求中方股东也一并向中国政府施压，妄图一举废除报效金制度。此外，日方总办岛冈亮太郎提出每年应从纯利润中提取40万元充当固定资产折旧费，如果按照岛冈的意愿，那么中方所得利润就更加微乎其微了，因此该提议遭到了中方股东代表——奉天省财政厅长王树翰的坚决反对。中方坚持让日方履行合同，把纯利润的25%作为报效金上缴中国中央政府。而日方则拒不履行，会议陷入了僵局。此时，无功不受禄的马特派员跳了出来，提出一个"折中"方案——他一面假意安抚大仓，请求将原本不存在的固定资产折旧费从日方要求的40万元减至25万余元；一面呵斥公司中方人员要以"合作"大局为重，减低报效金的数额，从每年

---

① 《本钢史》编写组：《本钢史》，辽宁人民出版社1985年版，第65页。

■ 二十世纪前期日资在华企业的演变

纯利润的25%大概约合10万余元减至4万余元。在马特派员的威逼利诱下,该"折中"方案在股东大会上得到了中日双方股东的一致"赞同"。作为中国中央政府的代表,马特派员如此尽心竭力地"督办",遭到了中央政府的训斥。"(一)合办合同中无所谓'固定资本消却金'(即固定资产折旧费)的项目;(二)报效比率,载在合同,属于国家权利,股东会议,无权增减;(三)即使有设立'固定资本消却金'之必要,亦应在股东利益项下提补,不得削减国家报效金。"① 中国中央政府有力有节的批复让日方和马特派员无言以对。随后,日本拉拢东北地区的实际控制者张作霖向中国中央政府施压,后者为了与日本进行更广泛的"合作",仅仅通知中央政府"公司报效难于补缴"。从此,中央政府就未收到来自公司的报效金了。日本在达到目的后并未就此罢手,他们有意羞辱中央政府,不厌其烦地向中国中央政府"申请"减免本已经不存在的报效金。在历经长达10年的公文往来后,中国中央政府终于"批准"彻底废除报效金。

从此次报效金事件中,可以看出日方为达到自身目的,使用了威逼中方股东、拉拢中方官员、拉拢地方实力派等多种手段。事情并未到此为止,在日方无数次的挑衅之后,中方的利润已经变得微乎其微,可是日本仍不满足于现有的在华收益,并即将付诸新的行动。

小结:本章回顾了本溪湖煤铁公司的建立过程、组织机构和制度规程。其中有三点值得关注:

---

① 《本钢史》编写组:《本钢史》,辽宁人民出版社1985年版,第66页。

第二章 中日"合办"时期(1911—1930年)

一、公司在草创阶段就表现出其独特性，因同时代的日资在华工矿企业均受到中国《矿务章程》的限制，而煤铁公司却不在此列。在商讨合作事宜的过程中，中国政府、日本政府和大仓财阀的出发点是不尽相同的。中方是在收回矿权无望的情况下，虽然不能忽视经济因素，但主要是顾及颜面才勉强同意与日方进行"合办"；日本政府则希望中国政府给予煤矿"合法"的身份，以便煤矿能够持续稳定地为军方提供后勤保障以及战略资源；大仓财阀起初寄希望于中国发生革命，颠覆现有政府，让中国无暇顾及自己独享煤矿。后来他逐渐认识到主权问题和经济利益的重要性，任何政府都不会对此置若罔闻，因而，他采取种种手段等待中方的最大妥协。

二、制度上实行人数绝对等额的双重领导制度，这对公司的长期发展起到了掣肘作用。虽然公司的人事安排受到现代企业管理思想的影响，其机构设置较为合理，但是中日双方管理层的立足点、身份和文化均有不同，这也就决定了在很多事情上双方难以达成一致，在一定程度上势必影响了公司的发展，而且也浪费了大量的财力与资源。

三、利润和控制权起初为双方所共有，而后逐渐向日方转移。在利润侵吞和控制权转移的过程中，大仓利用自身的其他实体产业、技术人员优势和金融压榨等多种手段等才得以实现。但这绝不是为中方管理者的无所作为辩护的理由：如果他们忠于职守、勇于承担职责，那么日本人的伎俩是很难得逞的。

第三章　三方联办时期
（1931—1945 年）

"九·一八"事变后，公司内所有中方管理人员遭到驱逐，所谓中日"合办"不复存在。日本政府没有让大仓独享公司，转而形成满业、伪满洲国政府与大仓联办公司的新局面。

"九·一八"事变爆发的第二天，本溪地区平静不在。"日守备队闯入县街，便将县政府、公安局包围，强迫公安局缴械。我军警在未抵抗之下，本溪遂被日军占领。中日合办之本溪湖煤铁公司，所有华籍职员，皆被日逐出去职。"① 维持委员会的组成人员多数是以县长为首的、愿意做亡国奴的原政府职员，他们在日本的授意下，颁布严苛条例，充当了 14 年的傀儡。本溪县政府被日军完全接管，而煤铁公司也概莫能外，有公司职员这样记述：

> 鄙人于十月十八日亦为日本宪兵队借口有反日嫌疑逮去，拘留一夜。翌日，在工场复受日本系负之辱骂，不得已

---

① 陈觉：《"九·一八"后国难痛史》，辽宁教育出版社1991年版，第97页。

第三章　三方联办时期(1931—1945 年)

于二十日晨离去本溪。后接友人来函，始悉日人于二十三日强迫我国职员全体离矿矣。①

国人为失去煤铁公司感到十分惋惜："日人经营之本溪湖煤矿公司，一部华员，被逐离职。十一月三日。"② 被迫离开煤铁公司的各级职员和技术人员，大多经农矿部统一调遣，分配至关内的开滦煤矿、河南中原煤矿、安阳义安煤矿、大冶富华煤矿、汉口扬子铁厂、湘乡洪山殿煤矿等处。就这样，日本武力侵占了煤铁公司，其总资产高达 2100 万日元。

日本侵占东北后，资本投入剧增。"满洲事变发生之后，日本取代了在中国（东北）的政治势力，1932 年傀儡国家满洲国成立之后，大举进行经济建设，对资本的投入也迅速增加。"③ 前文提及，大仓财阀在华投资主要是矿业和林业，但从 20 世纪 30 年代开始，林业的投资比重开始下降，以矿业为代表的重工业比重急剧上升并占据统治地位，主要包括本溪湖煤铁公司、本溪湖洋灰株式会社、本溪湖特殊钢株式会社以及后来的大仓事业。伪满洲国成立之后，立即发表《满洲国经济建设要纲》，明确指出："鉴于无统制的资本主义弊病，必须实行国家统制，灵活运用资本的效果，以求整个国民经济健全和迅速的发展。"④ 从细则上

---

① 佚名：《矿厂通讯：本溪湖煤铁公司全体华员被日人压迫离职情形》，《矿业周报》1931 年第 168 期。
② 佚名：《本溪湖煤铁公司华员被逐》，《矿业周报》1931 年第 165 期。
③ 大仓财阀研究会：『大仓财阀の研究・大仓と大陆』，近藤出版社 1982 年版，第 377 页。
④ ［日］依田憙家：《日本帝国主义研究》，卞立强等译，上海远东出版社 2004 年版，第 29 页。

看，伪满洲国要把炼铁及煤矿事业与日本企业在产业链条上组成有机的统一体。毫无疑问，这本质上是日本的意图，其目的乃继续最大限度地掠夺中国东北地区的煤铁资源。"满洲的地下存煤，在沦陷以前，中央地质研究所估计为三十万万吨，李顿调查团又加以研究，估计为四十万万吨，经日人广泛勘测后，估计为九十万万吨，较之日、比二国的煤床来得更厚。"① 因为煤铁蕴藏量大，日本更加坚定地把中国东北作为战略资源基地。为备战第二次对俄战争，日本加快经营满洲，出台四项意见，即铁道经营、开发煤矿、移民拓疆和发展畜牧。虽然煤铁公司拥有独立性，但在这样的大背景下，却难以置身事外，不得不做出一些应时调整。

第一节 公司改组

一 公司第一次改组

公司首先调整资本的组成，由原奉天省政府和大仓财阀两方合办，变为由大仓财阀、满重和伪满洲国政府三方联办。众所周知，伪满洲国政府是日本在中国东北的傀儡政权，其所持股权则实际为日方掌握。公司改组表面上由伪满洲国政府牵头，实行三方联办，而实际上仍是日本独占，只不过其代言人变为大仓财阀与满重两方。

日本按照战时统制政策调整公司的生产，采煤和冶铁两大主业马力全开，为进一步侵略尤其是为关东军的行动提供资源支持。为更好地利用煤炭资源，1934 年成立"满洲炭业开发株式会

---

① 佚名：《本溪湖铁矿》，《中国抗战画史》1947 年。

社"（简称"满炭"），直接经营新邱煤矿、孙家湾煤矿、尾明山煤矿、八道壕煤矿和复州煤矿。煤矿公司有位于吉林辽源的西安煤矿公司、延吉和龙煤矿公司、恒山煤矿公司、城子河煤矿公司、密山滴道煤矿公司、北票煤矿股份有限公司、鹤岗煤矿股份有限公司、东宁三姓煤矿公司、本溪田师付煤矿公司；炭矿有珲春炭矿、营城子炭矿、东边道炭矿和舒兰炭矿。

1942年，在日本政府和关东军的授意下，伪满洲国政府出台《满洲国基本国策大纲》，从满炭中分离出奉天省的阜新煤矿、北票，吉林辽源的西安煤矿，以及黑龙江的鹤岗煤矿。次年，复州、珲春、扎赉诺尔、舒兰、溪域煤矿等也从满炭中独立出来。至此，满炭仅存老黑山、瑷珲、兴隆、和龙、东宁和三姓煤矿；满铁系统中有抚顺、烟台、老头沟、富锦、蛟河和瓦房店煤矿；东边道煤矿、营城子煤矿、穆棱煤矿则独立经营。截至1944年，煤铁公司凭借其资本、产品的独特性，未被划归到满炭及其他行业会社中。穷途末路的侵略者为做垂死挣扎，将煤铁公司与昭和制钢所和东边道开发株式会社联合组成满洲制铁会社，而煤铁公司的企业性质也没有发生根本改变。"1935年实行的第一次改组时，大仓自然希望公司能归其独有。这一愿望在1931年，大仓提交给日本政府的《御愿》和《请愿书》书中已经表露无遗。"[1]他还信誓旦旦地表示，以前是日本人和支那人共同经营企业，这样的管理形式很大程度上制约了企业的发展。现在企业收归日本所有，如果让大仓方面独自经营，一定

---

[1] 大仓财阀研究会：『大仓财阀の研究・大仓と大陆』，近藤出版社1982年版，第401页。

会取得更大的经济效益。

冶铁方面，日本政府与关东军希冀把本溪湖煤铁公司与昭和制钢所合并，使之成为可以统治东北地区的炼铁巨头。此举遭到了大仓的强烈反对，他当然不愿意让关东军分享庙儿沟的丰富矿藏，更希望利用"九·一八"事变之后的间隙，把原中方股份收入囊中，达到独占公司的目的。大仓与关东军进行了长时间的唇枪舌剑，但迫于关东军在中国东北的绝对统治地位而不敢威逼，而关东军也意识到大仓在公司占有统治地位的既成事实而不能强取。至1935年，谈判已历时四年，最终大仓放弃了通过收买股票独占公司的想法，关东军也放弃了合并本溪湖煤铁公司与昭和制钢所的计划，双方签订《本溪湖煤铁有限公司处理纲要》：公司改由大仓与伪满洲国政府进行合办，并增加资本，调整公司人员结构，由以前的中日双方代表组成股东大会改为由日满双方派出代表组成股东大会，作为公司的最高权力机构。虽然关东军表面上没有参与改组公司，但所谓"满洲国"政府的背后便是关东军。同年8月，"伪满洲国实业部大臣丁鉴修与大仓喜七郎在长春签订了《关于本溪湖煤铁股份有限公司的协议》"①。该协议规定：新公司资本总额为一千万日元，其中大仓出资六百万日元（原中日合办时的公司日方股金龙银三百五十万元，折合为四百万日元；再加上合办时期公司借大仓的二百万日元的社债，此时作为正式股金，加入资本总额，共六百万日元）；满洲国政府出资四百万日元（由日本关东军转过来的原公司中日合办时的中国政府方面的股金龙银三百

---

① ［日］大桥秀治：《满洲矿工年鉴》，满洲日日新闻社1941年版，第578—579页。

五十万元，折合四百万日元）。公司改称为"本溪湖煤铁股份有限公司"，正式成为满洲国法人。

由此协议知悉，关东军强占了中方在公司中的股份，并把中方股份作为合作筹码，不需投资就使公司变成其代理人——伪满洲国与大仓的共同产业。关东军欲壑深广，不仅想让公司提供自然资源与军工原材料，亦妄图在利润中分得一杯羹。为实现目的，关东军将本溪湖煤铁股份有限公司划为伪满洲国的"准特殊公司"，即日本所谓的"准特殊会社"，这就意味着虽然公司采取"合办"形式，但在很多方面不能自主。

特殊会社的资本来源有其自身的特点——"特殊会社和准特殊会社的资本另一部分则是日本的投资，日本对东北的投资，在这一时期中，主要通过满铁来进行。……总之，特殊会社和准特殊会社是日伪合资开办的企业，它的建立是根据日本变东北经济为殖民地经济，从而变东北为其扩大侵略战争的战略物资供应基地的国策，为统制东北经济而实行的。"[①] 1934年，《关于一般产业的声明》公布，在特殊会社的基础上增加了"国营"和"公营"两类企业性质，这三类性质的企业涉及银行、矿业、电力、林业等12类行业。此外，声明还规定了海运、烟草等多种行业必须经过特许才可经营。由此可见，日本政府和关东军对中国东北地区的经济实行了全面统制。在这种大背景下，煤铁公司作为日本军事战略资源的主要来源之一，自然也进入了被快速剥削、压榨的进程中。

---

① 王承礼主编：《中国东北沦陷十四年史纲要》，中国大百科全书出版社1991年版，第135页。

卢沟桥事变之后，为进一步整合资源，公司再次更名为"株式会社本溪湖煤铁公司"。① 这表明公司与伪满洲国实际上再无隶属关系，表面上公司的控制权归伪满洲国政府，而实际控制权却被关东军牢牢掌握着，公司的生产和经营则完全以为日本侵略战争提供战略资源为基准。

二　公司第二次改组

《大仓财阀的研究》认为公司第二次改组的直接契机是1937年开始实行的"五年计划"。计划实施后，公司走上急剧扩张的道路。该书认为主导公司扩张方向的是关东军，而笔者认为，在战事迅速扩大的1937年，关东军已经无暇亦无能力直接关注伪满洲国经济的方方面面，其最为关心的是从伪满洲国获得充足的战略物资。在此大背景下，主导公司第二次改组的幕后推手应该是日本政府，而日本政府的代言人便是来势汹汹的财阀新贵鲇川义介。

日本企业家的背后往往有政府的身影，"不仅日本政府积极地直接参与对华投资，而且到中国来从事投资活动的日本大企业家往往都负有日本政府的'国策使命'"②。因此，不仅满铁、满炭等国策机构充当着经济侵略的马前卒，此时被日本政府和关东军拉拢进来的鲇川义介及其日本产业株式会社（简称"日产"）亦肩负着"国策使命"。鲇川早就有产业落户中国东北，对伪满

---

① 《本溪湖煤铁股份有限公司设立的相关契约条项中有关修整的文件》，1939年。本溪市档案馆藏，资料号全宗第124号卷139，第219—220页。

② [日]草柳大藏：《满铁调查部内幕》，刘耀武等译，黑龙江人民出版社1982年版，第219页。

第三章 三方联办时期(1931—1945 年)

洲国的情况也是相当的了解。"以日产为代表的新兴军需产业资本系统,还有以大仓、浅野、日窒等为代表的地方财阀资本系统。这些财阀早在'九·一八'事变前就在东北设有分支机构从事商业贸易和投资活动。"① 鲇川不满足于仅在伪满洲国境内设立分支机构,一直期望将事业发展的重心转移到中国其他地区,但日本政府和军方却是提防心理。只是随着战争的扩大,政府和军方迫于形势才逐渐欢迎财阀资本进入。

1937 年 10 月 29 日,日本和伪满洲国同时发表一则震惊经济界的消息:"为经营满洲国的重工业,由满洲国政府和日产会社共同设立股份资本四亿五千万元的国策会社,并任由鲇川氏进行经营。"消息突如其来,表明谋划早已在极为秘密地进行。关东军为准备和推行侵略战争,发展军需生产,早把"不许财阀进入满洲"的口号抛到九霄云外,竟把伪满的重工业交给日本新兴财阀巨头鲇川一手经营。相比于大仓喜八郎,鲇川义介更是战争的巨大受益者,他与日本政府达成协议,允诺用其雄厚的资产为侵略战争提供保障,由此从日本政府手中换得伪满的经济统制大权。凭借这柄尚方宝剑,鲇川一举兼并了除抚顺煤矿外的所有满铁工矿企业。对于暂时不能完全吞并的企业,则采取投资入股的方式,逐步掌握控制权。"满洲重工业会社到了 1940 年,实收资本共达 7 亿日元,子公司达 10 个,对其他会社的投资,亦不少,如本溪湖之煤铁公司就是一例。"②

日本政府和关东军为何选择鲇川义介为首的日产作为如此重

---

① 庄严、赵朗:《日本财阀资本对东北经济的渗透与侵略》,《齐齐哈尔师范学院学报》(哲学社会科学版) 1995 年第 5 期。

② 许涤新:《中国国民经济的变革》,中国社会科学出版社 1982 年版,第 38 页。

■ 二十世纪前期日资在华企业的演变

要的合作伙伴？原因有三：其一是七七事变和"五年计划"推行之前，日本一直通过满铁对伪满洲国进行资本输出，但满铁把多数资金用于收买铁路和铁路建设上，很少将资金投入其他领域；其二是作为新兴财阀的鲇川义介，对伪满洲国的发展表现得更为积极，他在考察期间不但提出诸多建设性意见，还表现出愿以整个日产的力量来助其"发展"的态度；其三是日本株式会社以开发经营高科技工业为主，不仅在生产汽车、飞机领域拥有很大成就，在其他重工业领域也有相当的技术积累。因为有这些优势，加之谈判是秘密进行的，鲇川避开了满铁等既得利益集团的阻挠，促成了与关东军和伪满洲国的苟合。这一苟合似乎完成得非常精彩，伪满洲国产业部的实际当家人、产业部次长就无不得意地说："我认为正是由于事前的保密才导致了事情的成功。而且，至今还痛感，正因为是鲇川，才干得如此出色。"①

满铁的实力虽然雄厚，但迫于鲇川的势力，也不得不拱手让出其重工业部分。1938年，同样资产雄厚的昭和制钢所经过"改造"，把其55%的股份转让给了满业。按道理讲，满业将实力稍逊一筹的本溪湖煤铁公司划归名下轻而易举，满铁也认为煤铁公司唾手可得，但形势未按预想中的发展。满业希望煤铁公司同昭和制钢所一样，主动出让其55%的股份；大仓深知鲇川的厉害，预感到公司将朝不保夕，因而寄希望于满业只是名义上的拥有，而公司的实际组成不发生任何变化。经过数次激烈的谈判，大仓越战越勇，最终达成让鲇川和大仓都感到意外的妥协方案——公司由原来的大仓、伪满洲国的六四分变为大仓占四成、满业占四

---

① 解学诗：《伪满洲国史新编》，人民出版社2008年版，第525页。

成、伪满洲国占两成的格局。在管理层，改组后设理事长、常务理事各1人，仍由大仓方面派员担任；理事10人，大仓4人、满业4人、伪满洲国政府2人，而满业实际只有3个名额；监事3人，大仓、满业、伪满洲国政府各1人。

满业的强势介入，公司决定将按照三方的实际控制比例相应增资，将资本由原来的一千万日元迅速增至一亿日元，增加了10倍！这就是本溪湖煤铁公司进行的第二次改组，但扩张并未就此结束。

三　公司第三次改组

1941年12月7日，日军偷袭珍珠港，太平洋战争随之爆发。为了防止来自盟国的空袭，同年，铣铁部设立防卫委员会。部长井门文三担任委员长，次长铃木源次担任副委员长，各场长、课长担任委员。① 1944年，制铁课成立辅助消防班，设正副班长。班下设有救护系、消防系、联络系。各系不但设有系长、系员，还设有甲乙两方指挥者。② 作业所制铁部机械课分队还设有救护系、防火并消除系、警戒系、灯火管制系、联络系。工作班下设制铣课工作班、骸炭课工作班、团矿课工作班、电气系工作班、窑业课工作班。③ 公司甚至成立了应急防空队，设立了炮队长、分队长、炮手、观测手。人员均来自铣铁部、特殊口、总务部、矿业部、运输部、建设局、工务部下属的宫原炭骸工场、本溪湖

---

① 《铣铁部防卫委员会编成表》，1941年。本溪市档案馆藏，资料号全宗第124号卷20，第107页。
② 同上书，第52页。
③ 《本溪湖作业所铣铁部机械课防护体制》，时间不详。本溪市档案馆藏，资料号全宗第124号卷20，第53页。

工场、庶务课、会计课、矿务课、工人课、警备课、文书课、劳工课、人事课、调查课、贩卖课、购买课、宫原机器库、宫原运输所、本溪湖机器库、本溪湖运输所、土木课、计划课、机械课、工作课、电业课、动刀课、齐原调查课、铣铁工场、骸炭工场、窑业工场、彩家屯工场等。① 应急防控队组织明确，就连防空灯数量以及发光强度都有严格的规定。②

早在几年前，欧美各国就切断了日本军事原材料的进口渠道，自然资源贫瘠的日本所获得的战争资源主要来自伪满洲国和其他殖民地。前文提过，低磷铁是生产武器所必需的原材料。日军为了在海上与强大的美军抗衡，不断地制造准航母以及各式战舰。在日本广阔的"疆域"和"势力范围"内，煤铁公司所生产的低磷铁在质量和产量上都首屈一指。为了制造武器尤其是军舰，日本开始增加对低磷铁的投资。

1941年12月30日，日本决定向煤铁公司增加投资1亿日元，使公司资本达到2亿日元，与昭和制钢所持平。新增投资按照股份比率分摊，即大仓八千

图10 煤铁公司与海军部关于低磷铁采购的协议书

资料来源：武井大助、大崎新吉、岛冈亮太郎：《本溪湖纯铣铁契约书》，1939年。本溪市档案馆藏《有关借款、买卖契约书和生命保险等材料》，全宗第124号卷61，第44—46页。

---

① 《株式会社本溪湖煤铁公司应急防控队要员连名簿》，时间不详。本溪市档案馆藏，资料号全宗第124号卷20，第57—60页。

② 《警护计划残置灯调查书》，1941年。本溪市档案馆藏，资料号全宗第124号卷60，第81—85页。

万日元、满业八千万日元、伪满洲国四千万日元。为加强公司管理，已经升任为大仓矿业会长的岛冈亮太郎重新回到公司担任理事长。这次增资，给整个大仓财阀带来十分巨大的影响。增资所需的大量资金仅靠大仓矿业无法筹得，因而大仓喜七郎合并大仓矿业与合名会社大仓，采取子公司吞并母公司这一反常手段。这样一来，原本用于矿业以外的资金就可以注入公司。此举使得大仓的投资分配完全倾向于矿业方面，当年大仓的资产为2.5亿日元，其中矿业就占2.3亿日元，煤铁公司恰恰又是大仓财阀矿业事务的最关键部分。鞍山设立总公司，日本东京、中国本溪湖和中国通化设有分公司。由于岛冈亮太郎对煤铁公司"管理"出色，日本政府委任他为会社理事长，名不见经传的井门文三出任代理本溪湖分公司经理，公司也改称为"满洲制铁株式会社本溪湖支社"。

四 公司改组的影响

据上述，公司的扩张并非大仓的本意，而是迫于日本政府、军方以及财阀新贵的压力而采取的被动举措。第一次改组之后，公司自身的资本构成、管理机构、组成人员等发生了剧烈变化，这种变化甚至波及大仓财阀内部，导致其发生一些或隐或显的变化。以公司改组的出资方以及出资形式为例，对大仓财阀产生了深远影响。1935年9月至1939年1月，即大仓财阀下的大仓事业还没有出现之时，公司需要增资1000万日元，其中40%来自伪满洲国政府，另60%不是直接来自大仓财阀，而是大仓矿业株式会社，其资金又来自大仓财阀下有着5000万日元资本金的合名会社大仓。1939年2月至5月，公司再次增资1000万日元，伪满洲国政府与大仓财阀仍按照前次的出资比例出资。合名会社大仓此次共转移两笔资金，其中150万日元转移到大仓事业株式会社，另1000万日元转移至大仓矿业株式会社。大仓矿业株式会社又转移出1100万日元，其中600万日元通过大仓事业株式会社转给了煤铁公司，另500万日元转移给了大仓旗下的本溪湖洋灰株式会社、本溪特殊钢株式会社以及其他企业。"前由大仓公司投资所经营之本溪湖煤矿，本溪湖洋灰及香炉碗子金矿等后，现由该公司为应付满洲矿工业之发展，欲谋此等各关系公司综合经营，乃决定以资本五千万元，设立大仓事业股份公司，此种设施现正与关系当局商讨中。"[1] 可见，为了进一步扩张，大仓财阀开始进行内部资源整合。

从第二个阶段（1939年2月至5月）的实施过程中，我们可以看出同为大仓财阀下的企业，煤铁公司的改组吸收了大量资本，甚至大仓财阀本身也不得不将其再投资的重心放到煤铁公司，而此时鲇川的日产还没有直接介入。虽然此时我们并不十分了解为什么同样的再投资需要有新的机构不断参与其中，但我们可以看出大仓财阀对煤铁公司寄予厚望，而且似乎这种期望促使大仓财阀旗下六大直系的产生。公司的三次改组中，虽然在初始阶段伪满洲国还能在表面上占有一席之地，但随着改组的深入，伪满官员的排名不断下滑，这再一次印证了傀儡政权的本质。

第二节　组织机构的改变

随着战事的逐渐吃紧，日本将伪满洲国境内的奉天昭和制钢

---

[1] 佚名：《公司消息·大仓事业公司》，《商业旬刊》1939年第1期。

第三章　三方联办时期(1931—1945年)

所、本溪湖煤铁公司和吉林的通化东边道开发株式会社合并为"满洲制铁株式会社",公司的人事安排和机构组织发生了较大变化。公司最高代表为社长,下设总务课负责庶务、文书、人事、秘书;劳务课负责生产设施;经理课负责预决算、财务、财产、生产物、金钱出纳;用度课负责用品需给计划、购买、保管、配给;矿务课负责探炭、保安、选炭、操炭、炭田、调查开发、计划;工作课负责机械、电气、土木、建筑;监察负责业务审查;新京事务所负责与新京各机关之联络;田师付炭矿和牛心台炭矿等。① 各课、所、矿等职责分明,完全具备现代企业的管理架构。即使在具体的生产单位中,机构设置也十分精细。本溪湖探炭所下设主计课、会计课、贩卖课、购买课、仓库课、配给所、病院;铣铁部下设庶务课、业务课;本溪湖制铁所下设铣铁工场、骸炭工场、团矿工场、窑工场、机械课、分析所;官原作业所下设铣铁工场、骸炭工场、副产物工场、团矿工场、机械课、分析所、彩家屯窑业工场。②

此外,日本还曾在本溪湖煤铁公司成立临时制铁设备调查委员会和设备特别专门委员会。临时制铁设备调查委员会内设委员长一人,由铁钢统制会理事长小日山直登充任;委员若干人,分别来自铁钢统制会、日本制铁株式会社、日本钢管株式会社、昭和制钢所、产业机械统制会、电气机械统制会、芝浦共同工业株式会社、三菱重工业株式会社、日立制作所、东京石川岛造船所、住友机械工业株式会社、制钢统制会;人员来自商工省制钢

---

① 《溪城炭矿株式会社职制□人事一览表》,时间不详。本溪市档案馆藏,资料号全宗第124号卷1,第23—24页。
② 《通知》,1939年。本溪市档案馆藏,资料号全宗第124号卷1,第57—78页。

■ 二十世纪前期日资在华企业的演变

局、企划院第二部、技术院、陆军省整备局、陆军兵器本部、海军省兵备局、海军舰政本部、兴亚院技术部、东京大学、京都大学和伪满洲国矿山司。

伪满洲国还成立了调查委员会,负责全面调查和统计境内的战略资源。调查委员会分为5个专门委员会:一是化工设备委员会,委员长由日本制铁株式会社的技师长高山正宽充任,委员来自制钢委员会、日本制铁株式会社、日本钢管株式会社、昭和制钢所,干事来自铁钢统制会;二是制铁设备委员会,委员长由铁钢统制会的理事梅根常三郎充任,委员来自铁钢统制会、铁钢统制会、日本制铁株式会社、日本钢管株式会社、昭和制钢所、本溪湖煤铁公司、东京石川岛造船所、日立制作所、荏原制作所、铁钢统制会;三是制钢设备委员会,委员长由日本制铁株式会社技术研究所次长藤村哲之充任,藤村哲之还充任平炉小委员会主查,转炉小委员会主查是日本钢管株式会社川崎制钢所制钢课长桑田贤二,委员来自制钢委员会、日本制铁株式会社、日本钢管株式会社、昭和制钢所、住友金属工业株式会社、川崎重工业株式会社,干事来自铁钢统制会;四是口延设备委员会,委员长由日本制钢株式会社作业局长水谷浩担任,委员来自铁钢统制会,日本制铁株式会社、日本钢管株式会社、住友金属工业株式会社、川崎重工业株式会社、神户制钢所、昭和制钢所、产业机械统制会、电气机械统制会、芝浦共同工业株式会社、东京芝浦电气株式会社、三菱电机株式会社、大谷重工业株式会社,干事来自铁钢统制会;五是附带设备委员会,委员长由铁钢统制会的技术部长井村竹市担任,委员来自铁钢统制会日本制铁株式会社、昭和制钢所、产业机械统制会、电气机械统制会、芝浦共同工业株式会社、东京芝浦电气株式会社、三菱重工业株式会社、三菱电机株式会社、住友机械工业株式会社、东京石川岛造船所、日立制作所，干事来自铁钢统制会。其中，煤铁公司理事井门文三担任制铣设备委员会委员。①

第三节 运营情况

日本占领东北的 14 年间，公司共挖掘煤 1000 余万吨、贫铁矿 260 万吨、富铁矿 360 万吨；炼出焦炭 370 万吨；冶炼生铁 260 万吨，其中用于生产武器的低磷铁 160 万吨。

"'九·一八'事变前，本溪湖煤铁公司有两座日产量 150 吨的高炉，先后于 1915 年和 1917 年投产。第一次世界大战后由于经济危机的影响，两座高炉都曾停产一个时期。'九·一八'事变后，1935 年，两座高炉的日产能力都达到 250 吨。"② 尤其值得注意的是，一号高炉是当时中国东北地区的首座新式高炉。

公司煤的主要用途有二：一是制成用于冶炼生铁的焦炭。二是因为本溪煤质量很好，"无烟煤其性质与英国加奇富煤相同为炼焦之佳品云"③。所以 1937 年之后，为保证冶铁质量，日本要求所有伪满洲国境内的炼铁厂在冶炼原料上一定要混用三成本溪煤，尤以昭和制钢所和朝鲜兼二浦制铁所取用的本溪煤数量为多。公司的铁矿石质量上乘，尤其是庙儿沟铁矿所生产的低磷

---

① 佚名：《临时制铁设备调查委员会名簿》，时间不详。本溪市档案馆藏，资料号全宗第 124 号卷 1，第 79—91 页。
② 解学诗、张克良：《鞍钢史》，冶金工业出版社 1984 年版，第 309 页。
③ 佚名：《奉天本溪湖矿产之概况调查》，《矿业联合会季刊》1924 年第 5 期。

■ 二十世纪前期日资在华企业的演变

铁,为日本军工业所急需,所以伪满洲国时期生铁冶炼中的低磷铁比重逐年增加,到了1939年,95%以上的生铁都是低磷铁。这些低磷铁多数运往日本海军和陆军工厂,被制造成军舰等各种武器装备。在世界经济大萧条期间,公司的产品无法找到合适的销路,煤价虽然持续走低,但对中国东北和朝鲜的输送依然源源不断,尤其是昭和制钢所和兼二浦制铁所两个用煤大户。从1930年到1932年初,生铁价格持续暴跌,情况逐渐恶化。直到1932年下半年,随着外汇行情低落引起的国内物价上升,生铁价格逐渐回升。年末,随着日本禁止黄金出口的政令实施,日元贬值,物价升高,生铁的销售终于起死回生。随着日本军需的增加,生铁的价格甚至高出大萧条前10%—20%。之后,世界裁军会议在伦敦破裂,各国都走上军备竞赛的道路。煤炭和生铁价格飙涨,公司迎来了盈利的顶峰。从1931年到1936年,"东京(京滨)、大阪(阪神)的比重增加,尤其发往大阪的低磷生铁,是以室兰日本制钢所为主,但这并不表示最后的用户"[①]。日本的海军吴工厂是个大用户,低磷铁炼成的钢十分坚固,是建造舰船主体的最优材料,因而这种矿产资源成为重要军事战略资源,海军的需求也成为决定低磷铁市场的决定因素。由于低磷铁是军工急需原料,始终供不应求。高炉建成之后,炼铁业务成为公司的最强增长点,此外还衍生出铸造项目。但无论是炼铁还是铸造,多数都是作为军需品直接用于武器的铸造。此外,日本的神户制钢所、住友金属工业(原名住友制钢所)、日本制钢所以及大阪工厂也在

---

① 本钢史志编纂委员会:《本溪煤铁公司与大仓财阀》,内部资料,1988年,第120页。

第三章 三方联办时期(1931—1945 年)

进口煤铁公司的低磷铁，广泛应用在工业、建筑业领域。

虽然公司的煤铁质地优良，价格稳定，但其对外销售仍存在很大弊端。最重要的一点就是高昂的运费。由于公司地处内陆，只能通过铁路销往东北其他地区以及朝鲜，而铁路运力和价格的决定权在于满铁，这就受制于人。如果满铁不给予充分的运力以及合理的运费，产品的销路就受影响。若要把产品销售到日本以及中国南方，还要使用海运，当时则主要通过大连和营口两个港口。由于大连港冬季结冰，因而每年仅 4 个月使用大连港，其余 8 个月使用营口港。海运主要使用日本轮船进行运输，销往日本的横滨、名古屋、阪神、门司以及台湾的基隆。除此之外，产品还要缴纳高昂的进出口税。所以，即使产品在出厂时具有价格优势，但在了市场中则优势荡然无存。在销售上，公司曾与日满商事株式会社合作，让后者代为销售公司部分产品。[①]

1945 年，本溪地区被苏联红军解放，其后苏联以煤铁公司是战利品为由，将大量的设备运回国内。直至数月后，国民政府行政院资源委员会才接管所剩无几的煤铁公司。

小结：本章主要讨论公司的改组问题。在改组过程中，新势力的介入必然会遭到既得利益者的强烈反对，但在特殊时期，无论大仓施展怎样的手段，也摆脱不了公司再次被"瓜分"的命运。大仓财阀、伪满洲国政府与满业联合经营煤铁公司的体制是在特殊历史条件下产生的，虽然前者仍旧是公司的实际控制者，

[①]《本溪湖煤铁股份有限公司与日满商事株式会社委托贩卖契约书》，1937 年。本溪市档案馆藏，资料号全宗第 124 号卷 139，第 61—62 页。

但在很多方面已经不再能独断专行。在这个历史阶段内,公司的生产经营紧跟战争扩张的脚步,不顾客观实际,疯狂扩大生产。原本颇为科学合理的管理方法被摒弃,这将公司推到了崩溃的边缘。至此,公司已经完全沦为战争工具。

下篇

下篇从三个方面对于该公司加以研究。首先，公司在快速发展的进程中，除了增添设备、扩大生产之外，还采取了哪些方式来增加盈利。客观地讲，虽然一些举措并不能左右公司发展的最终走向，但也可以从中看出经营管理者的思路和努力。其次，在战争不断扩大的背景下，日本为了获取足够的战略资源而制订了"产业开发五年计划"，事实证明，这是一个不符合实际的构想。即便这样，煤铁公司也被"带动"了起来，直到完全沦为战争的工具。最后，考察劳工问题的各个层面，通过对于劳工来源、工作、薪资以及生活等方面的分析，透析公司剥削压榨中国人民这一本质。

第四章　公司扩张

关东军本来实行的政策与我们现在看到的局面是完全不同的。起初，军方极力排斥日本的财阀进入其占领地，但包括大仓在内的日本财阀，无不想方设法妄图在日本军事侵略中分一杯羹。"1931年12月大仓喜八郎曾向日本外务大臣、陆军大臣等政府要员递交请愿书，恳请政府在满蒙弊社经营等事业的推进对帝国扩张的好处。"① 这种良好的态度显示了大仓非凡的公关能力，使其在日本军政两界颇有人缘，这也为其扩张煤铁公司提供了政治保障。

第一节　厂区扩张

随着战事的不断扩大，日方对于战略物资的需求越来越大，伪满洲国作为最大的资源供应地，很多企业不得不采取扩大生产

---

① 大仓财阀研究会：『大仓财阀の研究・大仓と大陆』，近藤出版社1982年版，第400页。

规模的方式来应付日本政府和军方的是强大需求。"九·一八"事变爆发之后,大片国土迅速沦陷,日本对中国的经济掠夺也进入了一个前所未有的新阶段。"日本在中国的资本,一部分是在中国'就地掠夺'的资本。从财政方面来说,日本对华投资总数在一九三一年约达十一亿三千七百万美元,但其中实际由日汇华的只约计六亿美元。"① 煤铁公司也被充分地利用了起来,规划筹备等都在紧锣密鼓地进行中:

数年来煤铁公司迭次呈请增区,俱经搁置。年前又进行增区,经辽宁省政府令农矿厅财政厅交涉署三司会同办理。②

而且在公司的"合办"之初,日方就早已做好扩大生产的准备,并为外界所了解。

一 宫原厂区的修建

七七事变之后,日本为了快速提高军工产品产量,对掌握中的中国东北各地下达扩建增产命令。"'产业五年计划'要求其在本溪和太子河之间的宫原,建设规模宏大的铁钢连续作业工厂;同时把特钢的实验工厂分离独立,在宫原建立本溪湖特殊钢株式会社。生铁产量计划,由 15 万吨提高到 100 万吨,并以自己的生铁炼钢 60 万吨。"③ 而在众多的生产主体中,特殊钢株式会社是

---

① [美]雷麦:《外人在华投资论》,蒋学楷、赵康节译,商务印书馆 1937 年版,第 532 页。
② 佚名:《清理后之本溪湖煤矿矿区》,《矿业周报》1929 年第 73 期。
③ 解学诗:《伪满洲国史新编》,人民出版社 2008 年版,第 537 页。

一个新生项目，引起了国内外的广泛关注。"特殊钢株式会社包括电气炉工厂、历炼工厂、变电所、研究室和仓库等。"[1] 同年，本溪湖煤铁公司开始建设宫原厂区（今工源厂区）。"本溪湖和宫原（这是敌人为了纪念日俄战争中有功的宫原大将而起名的一个车站）相距有十里之遥，这十里并不大，而且是建筑物几乎把这两个地方连接起来了。重工业地带在本溪湖与宫原之间。"[2] 宫原厂区最为重要的生产项目依旧是以军工原料为第一要务的低磷铁，生产原料自然来自庙儿沟铁矿。

宫原厂区以两座高炉为主，由于当时日本的生产装备制造业能力有限，因而设备大多是来自德国，直到1942年两台高炉才投入生产，比原计划晚了有两年多，这其中是有多层次原因的。首先，高炉不得不进口，当时最好的选择就是装备制造业最为发达的德国，但两地相隔万里，需要很长的运输时间；其次，由于国际局势日趋紧张，德国"闪击"波兰之后欧洲战场就随之形成了，德国的国内生产和国际运输自然也就成了大难题，这也就大大延误了交付时间；再次，高炉整体十分庞大而且技术含量颇高，无法整装运送给买家，因而到达目的地之后需要将数以万计的零部件进行组装，这就一定需要大量的人力、物力和智力，而对于劳工力量有限、组装设备短缺、技术人员匮乏的日本来说不是轻易能够做到的；最后，就是高炉选址上也有过争议，大仓曾建议将高炉建在日本本土，邻近于其在本土的钢铁冶炼上游企业，并以此达到利益最大化的目的，但该提议遭到了日本政府和

---

[1] 佚名：《特殊钢工厂设备目录》，时间不详。本溪市档案馆藏，资料号全宗第124号卷139，第181—183页。

[2] 周而复：《本溪湖》，《新文化半月刊》1946年第6期。

关东军的反对，最后大仓只得作罢，但也耽搁了相当多的时间。

图 11 宫原（工源）工厂全景

资料来源：佚名:《本溪湖煤铁生产：工源工厂全景照片》，《世界画报》1948 年第 1 期。

按照计划，两座高炉建成之后，生铁产量要超过 100 万吨/年、钢超过 50 万吨/年。1941 年 10 月 15 日，3 号高炉（今本钢 3 号高炉）举行建成典礼，这比原计划整整推迟了两年。关东军代表、伪满洲国代表以及满业总裁鲇川义介均有出席，公司理事长岛冈亮太郎点燃了高炉，宣告 1 号高炉正式启用。1942 年 10 月 25 日，4 号高炉（今本钢 4 号高炉）也开始投入使用，但在时间上也比原计划晚了两年多。随着战事的不断恶化，日本曾希冀再建设两座高炉来提高钢铁产量，但想法还没有实施战争就结束了。但厂区的石灰石厂、八盘岭铁矿厂、副产品工厂在此期间修建起来了。至此，"本溪湖共有高炉 4 座，其中，日产量为 200 吨的有 2 座，600 吨的有 2 座。设备能力为 57 万吨。生铁产量：1941 年为 20.8 万吨，1942 年为 30.76 万吨，1943 年为 40.21 万吨，1944年为37.4万吨"①。在产品定价问题上，煤铁公司采取母公司与子公司共同商议的方式进行。② 这样做的好处就是既保持母公司的绝对控制地位，也能兼顾子公司利益，紧跟市场脚步。

为了配合高炉生产，公司也积极抽调人力，最终实现了千余人的工作队伍，并且职责分明。宫原工场作业所内设所长1名、次长2名；土木系、建筑系、机械系、调度系各设主任、次席（副主任）；各工事如熔矿炉班、骸炭炉班、土木班、水道班、南芬班均有班长负责，班组一般以班长的姓氏命名；工事之下还设所、槽、小工场等子项目。③ 还形成了以制铁、制备和团矿3个课组成的内部机构，工作在一线的制铁课下设事务系、第一高炉系、第二高炉系、运转系、原料系、铸铣西、机械系、电气系、整备系等10个系，这样的分工使工作人员各司其职，大大地提高了生产效率，制备和团矿课也是分工明确，客观地讲，高炉生产在此时发挥到了极致。

二 其他小厂区

1914年初，中国中央政府开始对矿业施行集权式管理，相应的条例与细则也随之出台了。在细则中，虽然对于中外"合办"的形形色色企业的合法地位给予了正式的承认，但是对于中日双方的出资比例、代表权等诸多内容做了更为细致的规定。总体上，这些新规对于外资是非常不利的，即便是中国地方政府出资

---

① 解学诗、张克良：《鞍钢史》，冶金工业出版社1984年版，第317页。
② 《昭和拾四年度石灰石单价改定ニ关スル串合ヤ》，1939年。本溪市档案馆藏，资料号全宗第124号卷110，第111—112页。
③ 《本溪湖煤铁公司宫原工厂建设工事从事员下请人一览表》，1939年。本溪市档案馆藏，资料号全宗第124号卷1，第45—56页。

■ 二十世纪前期日资在华企业的演变

图 12　本溪湖矿厂熔矿炉全景

资料来源：佚名：《辽宁矿厂参观补纪：本溪湖矿产》，《建设（南京 1928）》1929 年第 5 期。

与外国资本联合办的企业也受到了极大的限制，并且从制度上割裂了地方政府与外方的一些"合作"。比如中方总办的任免权就由地方政府收归到中央政府了。中央政府的这一做法势必遭到日方的坚决反对，他们发动使团、商会等组织进行抗议，甚至明确表示不接受的强硬态度。作为回击，中央政府农商部发布命令，无论开采者是中国人、外国人还是中外合办，无论是试开采还是正式开采都要得到中央政府的批准。更进一步的是，为了使铁矿和食盐、石油一样不仅从产权上是完全的国有化，在管理上也要服从中央政府。农工商总长张謇命令停止新批铁矿，而且对于以前发给外资的许可也要强行收回。就日资为例，日方在中国的 7 省 27 个地区建设了铁矿、铁厂，大仓在其中的 5 省 16 个地区都有企业经营，是日资企业中所占比重最大的。大仓为了保住既有利益和扩展新的经营项目，曾亲赴北京会见袁世凯进行洽谈。此次会谈是同日本的全权特使日置益共同觐见袁世凯的，据当时英文报纸《北京报》报道：他们共向北京中央政府提出了涉及矿权、矿业资金、福建山东铁路、军队教官等多项要求。报纸还刻意把大仓喜八郎冠以大藏大臣的职位来形容其贪婪无度。但这次会见并未取得理想的成果。因为此时一个更大的"协议"在中日双方之间酝酿——"二十一条"。从 1915 年 1 月 18 日至 5 月 9 日的条约形成期间，中国中央政府与地方政府均停止了矿山权益的谈判。条约出笼之后，大仓喜忧参半。因而条约的第 2 号第 4 条规定："中国政府允许日本国民对南满及东部蒙古的矿山开采权，其开采的矿山另行协商。"对于已经开采的矿山另行协商，那么哪些是已经被中国政府默认的已经开采的矿山呢？其后的交换公文列举了 12 处已经允许开采的矿山——奉天省的牛心台煤矿、田师付沟煤矿、杉松岗煤矿铁矿、铁厂煤矿、暖池塘煤矿、鞍山铁矿、红窑煤矿、夹皮沟金矿、内蒙古五家煤矿、石头坟煤矿、新邱煤矿、红花沟金矿。此交换公文公布之后，大仓看到太子河沿岸的铁山等没有包括在内，随即召开了公司董事会。他在会上说："铁矿国有论对公司来说是个结构问题，从朝鲜进口高价的铁矿是愚蠢的，从现在开始就应该缜密注意，让溪城轻便铁路完成后，应能成为公司用铁矿的基地。"他希望以轻便铁路为契机获得周边的森林、煤矿、铁山、铜矿等自然资源。在对外活动上，一方面按照中国的官方程序积极申请获得太子河周边的 10 处铁山和 12 处矿区的开采权；另一方面，他买通中国官员，将申请日期篡改至"二十一条"生效之前，妄图以此占据主动。但大仓知道这种私下的运作不但可能会遭到中方的阻挠，更有可能出现来自日本驻华领事馆的干扰。

1938 年，预期年产量 200 万吨，日本号称"东洋第一大竖

■ 二十世纪前期日资在华企业的演变

井"的彩屯竖井开始动工修建，计划开凿两口深 530 米、直径 7 米的竖井。主井设置电梯用于人员和煤炭的输送，副井设置通风设备，用于给井下送氧。但由于人力、物力、财力、智力的原因，直到战败时主井仍没有完工，年产量均远远低于预期。为了提高煤炭产量，1937 年，田师付沟煤矿开始建设。次年，牛心台煤矿的斜井也开始动工。而且，为了提高产量，公司开始将原来并未成规模开采的部分矿区也利用了起来。"本溪湖附近有小矿数处皆不重要，兹略述于左（大半依据日人井上禧之助氏报告）：北台沟，在本溪湖南露头延长约一三〇〇尺（四〇〇公尺）走向北三五度，东倾向西北西三〇，矿层厚约百尺（三〇公尺）；西川岭，在沈阳东与苇子峪间，该处地层为角闪片麻岩，在山顶上覆以石英磁铁片岩呈带状结构，层厚约三〇〇尺（九〇公尺），含铁约百分之三一·七六；小夹河，在西川岭东南，城厂北十三公里，有赤铁矿露头，长二百尺（六十公尺），厚只二尺（〇·六公尺），底层为红片麻岩，顶层为石英岩；庙儿沟西之八盘岭，本溪湖东南东十六公里之次沟，又其东北北约二十五之三十公里之闫家沟、歪头山等处皆有铁矿，似属同类，面积甚广，惟成分不佳；通远堡，在安奉铁路通远堡驿车站东九公里，南坟东南四十八公里，与黄岭子相近。矿生于片麻岩中，长约二六〇公尺，平均厚九公尺，所成之山高距平地一三〇公尺。矿石属磁铁矿，平均含铁约百分之四〇，浮面之部石质被蚀，磁铁遗留呈青色，质松之物。矿量约计为一百万至三百万吨，此矿现属本溪湖公司。"[①] 在

---

① 佚名：《各省重要铁矿分论：东三省：本溪湖附近各小矿》，《地质专报》1921 年甲种。

第四章　公司扩张

日本第二次独占公司的阶段，为了完成军事上的资源保证，上述的北台沟、西川岭、小夹河、闫家沟和歪头山等零散矿区都被开发起来了。此外，无烟煤、黄铜矿、磁铁矿砂金等也有所收获：

> 牛心台产无烟煤，复合同合两公司为最大，每日产煤二百七十吨，工人约四百人。每吨成本四元左右……杨木沟产黄铁矿，矿工五十人，日产十吨左右；弟兄山产黄铁矿。①

为了提高矿石质量，尤其是要充分利用庙儿沟露天矿的贫矿部分，团矿厂和选矿厂开始修建。发电厂也随之修建，为新建的产区提供电力支持。档案显示，牛心台煤矿总面积352871平方米，位于牛心台乡溪城铁路南侧。最初名义上是各乡集体商办，但实际上是私人经营的。后来日本人将其全部"收购"统一管理，并改称"溪城煤矿"，主要设备、厂房和机关有竖井、选矿厂、洗煤池、材料厂、机械工厂、机电工厂、仓库、附属铁路、机车库、劳工宿舍、矿务课、机电课、土木课、总务课、运输课、总办办公室，附属设施有招待所、暖气供应所、医院、浴室、活动广场、员工子弟学校等。建筑面积220866平方米，使用面积132005平方米，1939年建成。全盛时期日产量达到2000余吨，主要供往沈阳市。② 建设附属铁路时，占用了红脸沟3户农民的农田，因而公司对所在地、地主姓名、使用目的、租用期间、地目、等级、面积做了详细登记，并采取粮食供给的方式补贴被占

---

①　[日]吉光片羽：《本溪湖城厂间矿产》，《矿业周报》1929年第49期。
②　《本公司关于牛心台煤矿建筑物用地的请示》，时间不详。本溪市档案馆藏，资料号全宗第124号卷135，第2—6页。

农民。① 其中，位于南坟地区的下马塘、连山关、祁家堡、草河口地区矿区的电力供应都由满洲电业股份有限公司提供。②

第二节　子公司

洋灰即水泥，在空气中能把砂石牢固地黏合在一起，因而是建筑的必备原材料。随着日本的疯狂扩张，水泥的用量也在急剧增长。为了更好地发挥煤铁公司的作用，达到利益最大化，1935年末，大仓和浅野两大财阀联合投资 300 万日元建成本溪湖洋灰股份有限公司，大仓占其股份的 76.7%，其中本溪湖煤铁公司名义占 43.7%，大仓矿业占 23.5%，大仓商事占 4.5%，浅野方占 20%。这样一来，公司的实际控制权牢牢地掌握在大仓财阀的手里，实际执行人是担任董事长的大仓彦一郎。1938 年 4 月，公司改称本溪湖洋灰株式会社，会社成立之后，其所属的土地买卖在本溪煤铁公司账目上有所体现。③ 并以大仓事业株式会社、浅野证券、本溪湖煤铁公司、满洲大仓商事株式会社、澁泽同宗株式会社的名义共同持股，从 1935 年到 1940 年短短的 5 年时间，两大财阀对洋灰株式会社的投资增加了 5 倍，达到了 1500 万日元，并建设了彩屯水泥厂和宫原水泥厂，生产盛极一时。

---

① 《红脸沟轻便路占用民有地皮租金明细表》，1937 年。本溪市档案馆藏，资料号全宗第 124 号卷 135，第 43 页。

② 《商办本溪湖煤铁有限公司与满洲电业股份有限公司契约书》，1935 年。本溪市档案馆藏，资料号全宗第 124 号卷 139，第 75—80、132—139 页。

③ 《卖却土地代金明细表》，1945 年。本溪市档案馆藏，资料号全宗 124 卷 135，第 10 页；《买却土地代金纳入方通知件》，1945 年。本溪市档案馆藏，资料号全宗第 124 号卷 138，第 96—98 页。

图 13　月产水泥四千吨之水泥厂内部

资料来源：佚名：《本溪湖煤铁生产：月产水泥四千吨水泥厂内部照片》，《世界画报》1948 年第 1 期。

白云石是种耐火材料，价格低廉用途多样，尤其作为冶炼炉的耐火内层而被广泛使用。1936 年，大仓为达到节约成本、扩展业务的目的，联合满铁共同投资 30 万日元创立本溪湖白云石工业公司，本溪湖煤铁公司占 56.7% 股份、大仓矿业株式会社占 28.5% 股份、南满矿业株式会社持其余股份，其中本溪湖煤铁公司股份占据绝大多数，因而该公司的董事长由煤铁公司的常务理事畠山藏六担任。

特殊钢是制造武器必不可少的原材料之一，为了获取最大化利益以及为日本军队提供武力保障，煤铁公司进行特殊钢实验成功之后，就立即将试验场从公司中分离出来，成立了专门生产特殊钢的机构——本溪湖特殊钢株式会社。该会社于 1938 年 10 月成立，根本目的是用煤铁公司生产出的低磷铁进行特殊钢的制造，公司资产高达 1000 万日元，其中煤铁公司占其中约 34% 股份，大仓矿业约占31%股份，大仓约占31%股份，3家会社均是大仓财阀下的企业，因而本溪湖特殊钢株式会社可以说是大仓财阀的独资企业，从持股到执行完全在大仓财阀的掌控之中，性质上，该公司仍是本溪湖煤铁公司的子公司。① 为了彰显对该公司的重视，由大仓财阀大仓喜七郎亲自担任社长。

"煤铁公司之发达，必然促成附属诸工业之勃兴，造成这一地带之工业圈。康德二年本溪湖洋灰公司，康德五年本溪湖特殊钢公司开始设立，本溪湖白云石公司也诞生。康德五年，在宫原也设立了宫原机械制作所，簇生了许多工场，在本溪湖（宫原在内），出现了一大工业地带。"② 可见，此时公司发展迅速，达到了鼎盛时期。

第三节 投资公司

大仓为了政治与经济利益，对众多的企业进行了投资。其中以本溪湖煤铁公司名义进行参股投资的就有溪城炭矿会社、东边道开发株式会社、溪城铁路、生铁共同贩卖会社、本溪湖坑木会社、满洲火药贩卖会社、日满商事会社、满洲钢铁工务会社、满洲耐火砖组合、大陆化学工业会社、满洲矾土工业会社和协和铁矿等数十家企业。仅1941年，公司就投资满洲国货币20万元用于坑木会社的发展。③ 其中，溪城炭矿株式会社是满业、满炭、

---

① 大仓财阀研究会：『大仓财阀の研究・大仓と大陆』，近藤出版社1982年版，第404页。
② ［日］加藤一：《满洲重工业地理条件：二、本溪湖制铁地带》，《国民新闻周刊》1942年第53期。
③ 《差证》，1941年。本溪市档案馆藏，资料号全宗第124号卷140，第144—145页。

本溪湖煤铁公司3家共同投资建成的，该企业以掠夺太子河流域的煤炭资源为目的。煤铁公司以其名下的田师付煤矿和牛心台采煤作为固定资产投资，股份约占到溪城炭矿株式会社的12%。此外，公司还将投资扩大到了奉天以外地区。例如，位于吉林的东边道开发株式会社以掠夺通化地区的自然资源为目的，主要厂矿有烟筒沟煤矿、石人沟煤矿、五道沟煤矿、铁厂子煤矿、大栗子铁矿、七道沟铁矿、二道江发电所、二道江特殊钢试验所。本溪湖煤铁公司在以上企业均有投资。1936年，公司理事长梶山又吉与本溪县第1区牛心台艾家坟石炭矿区共同矿业权者代表白乐奎签订协议，购买后者大量煤矿。① 1936年，公司与海城县张鸿飞、颜日暄合作经营海城县大岭村矿区。② 1938年，公司理事长梶山又吉与位于大连的福井商工株式会社取消役福井米次郎签订协议，二者原在锦州共同投资的两处矿，由公司收买后者股份，改为公司独资。③

煤铁公司的业务也不限于煤炭钢铁行业，公司在市外多地购买矿权。1936年，煤铁公司董事长大崎新吉，与锦州市锦华区阜康街10番地田村圆纯、鞍山市北3条町5番地的古屋荣作签订契约书，购买了锦州省朝阳县第12区团山子、热河省建昌县扬子沟附近所在满俺矿区，地块即锦州省朝阳县瓦房村（锦州区22号17条16段、18条16段）；1938年，购买了锦州省朝阳、建昌二

---

① 《满洲国奉天省本溪县本溪湖煤铁股份有限公司与奉天市大东关买卖契约书》，1936年。本溪市档案馆藏，资料号全宗第124号卷139，第49—60页。
② 《株式会社本溪湖煤铁公司与海城县张鸿飞、盖平县颜日暄合作经营矿业契约书》，1936年。本溪市档案馆藏，资料号全宗第124号卷139，第194—196页。
③ 《本溪湖煤铁股份有限公司与大连市福井商工株式会社契约书》，1938年。本溪市档案馆藏，资料号全宗第124号卷139，第30—32页。

县第十二区团山子小杨子沟（锦州区 22 号 18 条 17 段），地块达到 1 个单位。① 1939 年，煤铁公司理事长大崎新吉与鸭绿江采木公司理事长八木元八签订买卖协议，用国币 17202.7 元购买了 426.001 立方米原木、624.4 元购买了 14.686 立方米原木、24040.73 元购买了 577.018 立方米原木、97354.1 元购买了 2249.127 立方米原木、22638.21 元购买了 557.841 立方米原木、95770.85 元购买了 2154.515 立方米原木、13231.42 元购买了 330.541 立方米原木。② 同年八月，双方又签署木材买卖契约书，以 23116.88 元购买了 568.488 立方米的木材。③ 公司还在长春购买房产。④

  1923 年 6 月，大仓投资在吉林省投资 100 万日元建立的共荣起业（企业），占其总股份的 46.5%。该公司自成立以来就受到排日运动的影响，到 1929 年秋处于几近休业状态。"九·一八"事变之后，关东军确保并扩大了该公司的采伐权。此后，该公司还与满铁联合共同投资进行铁路建设，并在其后的铁路和军事用材方面获得了巨大的收益。1919 年 5 月成立的鸭绿江造纸株式会社，大仓占到了 52.1% 的股份。据统计 1932 年至 1944 年间，公司受到了王子制纸株式会社、富士制纸株式会社、桦太工业造纸株式会社竞争的压力的影响，但年盈利仍从 12.5 万日元上升到约

---

① 《契约书》，1940 年。本溪市档案馆藏，资料号全宗第 124 号卷 61，第 48—51 页。
② 《木材买卖契约书》，1939 年。本溪市档案馆藏，资料号全宗第 124 号卷 61，第 52—60 页。
③ 《鸭绿江采木公司与本溪湖煤铁公司木材买卖契约书》，1939 年。本溪市档案馆藏，资料号全宗第 124 号卷 139，第 155—157 页。
④ 《卖渡证书》，时间不详。本溪市档案馆藏，资料号全宗第 124 号卷 140，第 140—141 页。

80 万日元，利益率从 2% 上升到约 20%。除了以煤铁公司的名义之外，大仓还在鸭绿江采木公司、鸭绿江造纸株式会社和鸭绿江制材无限公司的合并问题，奉天电车会社、满洲的航空运输业、大仓蒙古农场、溪城铁道延长线建设等事务上获取了丰厚的经济利益。

小结：精明的大仓喜八郎在中国、日本和朝鲜有数十家实体企业，但煤铁公司无疑是其最大的一家，也倾注了他大量的心血。他在公司发展这一重大问题上，不断使用高超的投资手段。就如他调动煤铁公司资金创立本溪湖洋灰股份有限公司、洋灰株式会社、彩屯水泥厂和宫原水泥厂等一样，表面看来这些子公司的存在无疑是因为地缘因素。但值得注意的是，他广泛吸收外来资本的同时牢牢地掌握这些公司的绝对控制权。而且这些企业虽然是煤铁公司的子公司，但在业务上可以与煤铁公司自成一体，形成产业链条上的互补，为取得更大的经济效益奠定了重要基础。投资入股地产业、林业等更显示了大仓对于经营煤铁公司的多重发展思路。

第五章　"产业开发五年计划"

1932年，伪满洲国成立满洲中央银行，负责统筹"国内"的金融体系。次年，日本授意伪满洲国政府出台《满洲国经济建设纲要》，把东北境内的交通和通信部门实际置于关东军的直接掌控之下。1934年，满洲炭矿株式会社成立，负责垄断全东北的煤矿。但有两个企业不在其列，其一是满铁经营的昭和制钢所，其二是大仓经营的本溪湖煤铁公司。

1937年以后，由于军事殖民统治业已确立，日本对伪满洲国的统治做出了重大调整，由此前的武力镇压为主，转为加强经济掠夺和殖民统治，其主要表现则为"三大国策"，即"产业五年计划""北边振兴计划"和"百万户移民计划"。[①] 其中"北边振兴计划"于1939年5月11日提出，虽然标榜"开发""民生"，但其实质是"纯军事性国防地带防卫工程计划"。"百万户移民计划"则是日本移民中国东北的重大策略。计划全面施行前，日本以小规模武装移民作为实验；"土龙山"事件和"二·二六"事

---

① 解学诗：《伪满洲国史新编》，人民出版社2008年版，第506页。

件之后，关东军分别召开两次移民会议，提出了《满洲农业移民百万户移住计划案》，积极进行移民侵略活动。而"产业五年计划"是日本占领东北全境之后，为扩大侵略，对东北地区进行经济压榨尤其是重工业方面进行杀鸡取卵式掠夺的重要标志。那"产业五年计划"是如何出现、实施的？结果又怎样呢？

第一节　计划的提出

"九·一八"事变之后，日本完全占领了中国东北，而在国际关系上却被孤立，与其他大国摩擦不断，战争有着一触即发之势。为了能够应付即将到来的战争，日本在中国东北施行"满洲产业开发五年计划"，在本土施行"扩大生产力四年计划"。

为解决资金困难，关东军放弃"务摒一切阶级垄断"的政策，转而向国内财阀寻求资金，"满重"便应运而生。1936年秋，关东军预先召集鲇川义介、森矗昶、松方幸次郎、安川雄之助、津田信吾等财阀，商讨如何为伪满洲国经济注资的问题。同年，关东军与伪满洲国总务厅在汤岗子召开会议，指出："产业开发五年计划按如下三原则，以将现在的全部产业部门的生产量大体增产二乃至十成为目标。即：（一）依靠日满一体经济的强化，确保原料资源；（二）一旦有事之际，得以现地筹办，拥有强有力的弹性；（三）防抑输入，奖励输出。"[①]确定"产业开发五年计划"的三项原则。而后，关东军与伪满洲国总务厅又召集昭和

---

① 满铁调查部：《满洲产业统制政策的变化及特殊会社的特质》，内部资料，1938年，第31页。

制钢所负责人、满炭代表、抚顺煤矿负责人、本溪湖煤铁公司理事长梶山又吉和采煤科长荒木利恭参加"五年计划钢铁业分科会干事会",进行具体商讨。"在这次会议上,关东军提出,在一九三七年到一九四一年间在东北要达到年产生铁二百四十万吨,钢锭二百三十五万吨的目标,并定出昭和制钢所要完成生铁一百七十万吨的目标,本溪湖煤铁公司要完成五十万吨的计划。"① 最后,关东军与"满洲国总务厅"炮制出计划,投资总额高达25亿元,涉及矿业、工业等20多项领域的产业,时间为1937年至1941年,即"第一次产业五年计划"。计划出笼以后,关东军自信满满地将其送到日本政府进行审核,并命令伪满洲国政府施行。因投资金额过大,东京方面没有完全批准,只允许部分项目施行。但随着七七事变的爆发,日本加快了侵略中国的脚步,为了能够有充足的战略资源,关东军撇开日本政府,授意伪满洲国政府提出规模更为宏大的"修改计划",其规模是原计划的两倍,在煤、铁等方面的增扩尤为显著。

参加会议的鲇川格外兴奋,他提出一系列发展意见,试图实现其事业构想——将伪满洲国境内的所有矿业、制造业等重工业实体都置于一个会社的统制之下,施行统一调度和管理,最大限度地为战争提供物资保障。他的提议引起了政府和军方的广泛关注。"1937年5月,日本陆军省和伪满洲国都向鲇川发出邀请,请他到伪满来经营,并表示可以改变原有的产业统制方式。鲇川则要求将整个'日产'移入中国东北,获得了陆军省的批准。"②

---

① 《本钢史》编写组:《本钢史》,辽宁人民出版社1985年版,第94页。
② 李秉刚、高嵩峰、权芳敏:《日本在东北奴役劳工调查研究》,社会科学文献出版社2009年版,第283页。

第五章 "产业开发五年计划"

"五年计划是立足于一旦发生战争,所必需的物资能够实现自给自足,同时,由于开发利用满洲的资源,进一步培养日本的经济力量。"① 这句话从根本上反映了伪满洲国的经济发展要完全依附于日本的战略构想和战争进程。"根据这一基本方针,该计划包括了工矿、农牧、交通、移民等诸多方面,但重点放在工矿企业,尤其是煤、铁、兵器等直接关系到军备的物资生产上,其投资额占全部投资的55%。"② 煤铁公司难免不受该计划的影响。根据关东军的要求,本溪湖煤铁公司内部多次召开会议,最终确定"五年计划"期间的生产和资金计划。煤铁公司还与大仓旗下的其他公司签署了多达22条的协议,规定将五年计划中的新建设备、厂房等大部分由后者进行建设,这样大仓通过五年计划不仅在生产上得到了扩张,而且在建设上也获得了巨大收益。③

第二节 计划的实施

在钢铁设备及产能上,公司的高炉炼钢能力要从1937年的15万吨/年提升到55万吨/年。为了达到目标,在设备极难进口的国际环境下,1938年开建600吨高炉两座(原计划建设500吨高炉两座),并于1940年基本建成,当年形成实际生产能力40万吨/年。公司原本没有炼钢和轧钢能力,而计划要求从1938年开

---

① 这句话是1937年1月1日,关东军中主管满洲事务的片仓衷在向日本产业部所做的计划报告会上的说明。
② 李秉刚、高嵩峰、权芳敏:《日本在东北奴役劳工调查研究》,社会科学文献出版社2009年版,第54页。
③ 《本溪湖煤铁股份有限公司五年计划增产施设工事委托契约书》,1937年。本溪市档案馆藏,资料号全宗第124号卷139,第221—227页。

始，添设大量生产设备，① 到1940年实现年炼钢和轧钢能力各50万吨。1938年，新建焦化设备一套，达到增产50万吨/年的要求，加上原有年产21万吨的生产能力，到1941年达到年产71万吨的产量。

在铁矿设备方面，贫矿的开采和烧结都要从无到有。就开采而言，1937年开采10万吨，1938年开采增产10万吨，1939年开采增产30万吨，1940年开采增产140万吨，最终在1941年开采量达190万吨。就烧结而言，1937年烧结7.5万吨，1938年新建一套烧结设备并保持原有烧结量，1939年烧结量增加12.5万吨，1940年烧结设备投入使用，烧结量增至64万吨，最终到1941年形成烧结84万吨的能力。铁矿烧结因增加一套设备，到1941年达到烧结能力91.5万吨。采煤方面，在斜井增加一套设备，在1940年形成斜井年产95万吨能力，并可以一直保持下去。同时，开发田师付沟和竖井，预计1941年两处共采煤50万吨。公司还扩大石灰石的生产能力，到1941年达到60万吨。

"五年计划"出炉之前，公司在高炉、炼钢、轧钢、焦化、采煤、石灰石上并没有增产计划，而铁矿开采与烧结的增产计划也仅在一定能力范围内。因而，维持原有产量或者少量增产算是比较合理，那后来要求增长200%、300%乃至更高的"修改计划"注定难以实现。该计划的初衷不仅是保证驻满日军的自给自足，更是为日军进一步侵略华北华南提供能源支持。事实证明，受生产力的限制，即使采取杀鸡取卵的方式，"修改计划"也很

---

① 《制钢及钢材工厂计划并本年度所要重要资材》，1942年。本溪市档案馆藏，资料号全宗第124号卷496，第1—5页；《宫原工厂扩张设备配置计划案》，1942年。本溪市档案馆藏，资料号全宗第124号卷496，第6—20页。

第五章 "产业开发五年计划"

难实现。随着战事的不断扩大,重工业原料的需求量不断增大,又因《日美通商条约》的废除,进口量不断减少,这一增一减就使得战略资源更加捉襟见肘。伪满洲国政府再一次提出新的修改计划,大幅提高生产目标,这份完全异想天开的方案竟得到日本政府肯定。此举表明,无论是关东军、伪满洲国政府,还是日本政府,都开始了不切合实际的幻想。所以,不但这份再次修改后的计划不能实现,甚至此前"修改计划"的大部分目标亦未能达标。

五年时间里,公司的投资达到1亿日元以上,不可谓不多,但这种不顾客观实际,还没等前期生产能力形成,就开工建设新项目,这种做法必然会导致生产力严重不足。新设备的投入使用,需要大量技术人员的指导以及熟练劳工的实际操作,这些条件在当时都不具备,所以计划将必然落空。在筹资过程中,各方为私利而暗地制订多种计划。如满业和海军都妄图买下煤铁公司,或者取消大仓拥有的经营低磷生铁特权,海军完全接管低磷生铁的运输等。海军方面,也曾与大仓进行过秘密接触,提出3步走的方案,即按照4∶4∶2的持股比例,让公司的控制权不在满业之手;让公司的部分实体进行分离,包括宫原工厂在内,实际由海军和大仓共同实际控制,不受满业影响;海军获得全部与低磷生铁有关的资源和设备;海军以1亿日元收购公司的铁矿山、煤矿及工厂,将其租赁给大仓,成立一个新的没有满业介入的公司。而鲇川希望将煤铁公司变为"特殊公司",表面上是日本政府的准国策公司,实际则被满业所掌控,但此举遭到了海军的强烈反对,为此海军向公司派出监督官驻扎在本溪,对其军用品的原料品质进行检查,并用海军专用船只在旅顺港对货物进行接洽，以确保战略资源被完好地送到日本本土。作为公司理事长的大崎新吉，确实十分担心公司的归属权问题，因而特地拜会伪满洲国政府的实际操控人——总务长官武部六藏。作为大仓的代言人，大崎向武部询问，鲇川的满业受到了日本政府的各项优待，仅在分红方面，就得到6分分红的补助，这意味着鲇川的满业只赚不亏，而煤铁公司连最低程度的政府分红和补助都得不到。鲇川犹如个穿着棉袄的人，而大仓就是个穿着单衣的人，在寒风中瑟瑟发抖。有传言，鲇川建议，如果大仓方面不接受增资股票，那就要求伪满洲国政府取消与大仓的关系，大仓在公司内的4000万日元股份也不会得到应有保护。是否确有此事，我们不得而知。武部对于大崎的问题要么不做回答，要么让其另问他人。实际上，鲇川不仅要对大仓旗下的煤铁公司下手，就连本溪湖水泥厂、特殊钢厂、白云石矿也在其计划之中。会谈之后，大崎对公司的前景丧失了信心，在发往大仓本社的信函中，无不悲伤地陈述道："请您速将最后的决心，紧急指示给我们，我们根据您的指示，作殊死交涉。"而大仓妄图以能拖就拖的对策应对鲇川的野心，使得在随后召开的第8次股东总会上，股份持有和增资问题仍没有摆上台面。但随后不久，改组方案出台，满业、大仓、伪满洲国政府以4∶4∶2的股份持有比重共同掌控公司，大仓的心稍显宽慰，起码公司并没有被鲇川这只大鳄完全吞食。曾经的日方总办岛冈亮太郎取代了身心俱疲的大崎新吉，成为公司改组后的首任理事长。

实施计划最直接的体现就是要将厂区扩大，产能提高，而这一切都需要巨大的资金投入。"作为五年计划实行以后，资金筹措上长期的负债倾向，从曾全面依靠大仓的借款；转变为依靠社

第五章 "产业开发五年计划"

债及银行借款；在社债销购困难的情况下，又加强了对满业的依靠，但不久，它就达到了顶点，处于停滞状态；因而又转向银行借款了。"① 可见，在公司筹资的过程中，公司依靠大仓出资、出卖股份、发行社债、银行贷款、满业投资等多种途径，但无论采取哪种方式，巨大的投入与有限的产出相比始终是不成比例的。"本溪湖煤铁公司在第一个产业五年计划期间，生铁和钢的产量计划分别达到 100 万吨和 60 万吨，分两期完成。可是，结果比昭和制钢所还惨，未形成任何生产能力，不得不把项目转入第 2 个产业五年计划。"② 即使有了巨额投入，公司也未能完成第一个五年计划的目标。此时，已经没有了中方管理人员的因素，管理和执行都掌握在了日本人手中，他们仍不能达成预定目标的原因主要是制订的计划已经超出了公司的实际生产能力。

随着侵略战争规模的扩大，日本政府深感原有战略资源的生产能力已经远不能满足实际需求。1941 年，第一个产业开发五年计划期满，在效果不甚良好的前提下，关东军召集伪满洲国经济顾问、满铁总裁大村卓一、满业总裁鲇川义介等共同制订了第二次"五年计划"。

该计划要求东北各煤炭、钢铁企业的产量必须有较大提高。尽管该计划也完全脱离实际，但由于第一次五年计划因不切实际而破产，1941 年制订的计划指标有了部分调整。如第一次五年计划，要求全东北企业在 1941 年钢锭年生产能力要达到 235 万吨的

---

① 本钢史志编纂委员会：《本溪煤铁公司与大仓财阀》，内部资料，1988 年，第 185 页。
② 解学诗：《历史的毒瘤——伪满政权兴亡》，广西师范大学出版社 1993 年版，第 319 页。

目标，但1941年第二次五年计划，只要求在1946年达到130万余吨的生产能力。"生铁的第二期扩建计划和炼钢计划却全部舍弃，根本未敢列入计划。这样，年产100万吨生铁的增产目标，只实现一半稍多一点，即55万吨；钢的增产计划则是零。"① 可见，需求紧张的日本在此时也不得不承认计划的浮夸，从而降低原有的指标。

第三节　计划的成效

本溪湖煤铁公司实施第一次"产业五年计划"过程中，对部分仅能勉强维持的生产能力造成了巨大的摧残。煤铁公司虽然不属于满重和满炭两大统制会社，但生产亦然受其巨大的影响。第一次五年计划期间，总体产量仅在前两年有所提升，此后连年下降，且呈不可挽回的态势。到了后期，就连供应周边的昭和制钢所都成了大问题。"本溪煤是昭和制钢所不可缺少的炼焦煤，但其供应量从1940年开始减少，1937年至1941年由29万吨减至25万吨。"② 公司生产的炼焦煤是全东北钢铁企业所亟须的，但计划实施之后，产量不但没有增长，反而出现了大幅下降。日本的投资与其他西方国家不同，"日本的情况却是特殊的。尽管缺乏精密的统计，但可以说，日本在华投资的国际收支情况是进大于出"③。这是因为日本军事侵略必须以经济侵略作为强大的财政后

---

　　① 解学诗：《历史的毒瘤——伪满政权兴亡》，广西师范大学出版社1993年版，第319—320页。
　　② 满铁调查部：《昭和十六年度综合调查报告书》，内部资料，1941年，第3页。
　　③ 杜恂诚：《日本在旧中国投资的几个特点》，《学术月刊》1984年第7期。

第五章 "产业开发五年计划"

盾，这一因果关系客观上导致了日对华投资迅速提高，两次产业发展五年计划就是其在华投资的重要组成部分。

在日本的授意下，伪满洲国政府于 1937 年以敕令的形式出台了《重要产业统制法》和《关于施行重要产业统制法之件》，"规定了重要产业的种类，计有兵器制造业、飞机制造业、汽车制造业……化肥制造业、纸浆制造业、油坊业等共 21 种"。① 这些大到军事战略资源，小至百姓的民生物资，都被日本及其傀儡伪满洲国牢牢控制。通过对诸多行业的限制，原来在市场上处于劣势地位的日本货开始大行其道，充斥着东北市场，这对东北的国民经济和百姓生活是毁灭性的打击。《重要产业统制法》颁布后，根据日本的需求与市场反应，伪满洲国政府使单纯的"一业一会社"与"一业多会社"并存，垄断经济更加牢固。农业上，日本使尽浑身解数，加紧对东北人民进行盘剥。七七事变即将爆发之时，在关东军的授意下，伪满洲国颁布《满洲农业政策委员会》，对主要农作物的检查、储藏、运输、加工及销售等环节都进行了限制。随后又颁布了《棉花统制法》《原棉棉织品统制法》《米谷管理制度要纲》《满洲粮谷株式会社法》《主要特产物专管法》《兴农合作社确立要纲》，更强化了对农业的统制。

正是由于日本政府、关东军和伪满洲国政府的管制和限制，东北工农业经济中的民族资本发展缓慢。截止到日本战败前，除了日本全面管制的行业内，中国私人资本仅占 0.3%；没有管制的领域中国私人资本也仅占 3%，可见中国的民族工业和私人资

---

① 王承礼主编：《中国东北沦陷十四年史纲要》，中国大百科全书出版社 1991 年版，第 302—303 页。

■ 二十世纪前期日资在华企业的演变

本几乎没有发展的空间。东北地区充斥着日本资本，"五年计划的全部预算资金，则由29亿日元增加到61亿日元。对这个庞大的投资数，高碕指出，'修正案中的每个数字只不过是按政府的希望所罗列的'"①。这使日本人也觉得计划预算徒具虚文了。

这样浮夸的计划对煤铁公司产生深远的影响。伪满洲国时期，"公司实际的年利润率为48.2%，这就比合办时期的平均年利润13.1%，高出35.1%，几乎高出3倍，而年利润最高的一九三八年竟达到110.6%。而同期欧美各国国内企业的平均年利润率为15.3%，美国为6.2%，英国为10.6%"②。如此丰厚的利润背后，是通过对东北资源杀鸡取卵式的开发和对中国劳工的无限压榨所获得的，日本侵略者给祖国山河留下的满目疮痍，山沟下的皑皑白骨亦是最好的见证！

公司人员不仅是生产者，同时也是日本和伪满洲国的"守护者"。他们按工作性质和岗位被划分到国民勤劳义务奉公队和协和义勇奉公队。国民勤劳义务奉公队是为了提高生产能力而成立的全民性劳动组织，公司员工就被编入其中，并对姓名、年龄、所属、职名、职番、入社年月、国兵检查要检地、证明有效期限等信息一一进行登记造册。③ 登记簿有详尽的标准，即多达23条细则的《国民勤劳奉公法》。④

---

① 陈勇勤：《〈"满洲国"的终结〉披露的日本"开发满洲产业"》，《长白学刊》2007年第2期。
② 《本钢史》编写组：《本钢史》，辽宁人民出版社1985年版，第111页。
③ 《工人（国民勤劳奉公义务免除适格者）调查书》，1944年。本溪市档案馆藏，资料号全宗第124号卷20，第19—34页。
④ 《国民勤劳奉公法》，时间不详。本溪市档案馆藏，资料号全宗第124号卷20，第80—86页。

第五章 "产业开发五年计划"

更引人关注的是，依托煤铁公司人员组成的义勇奉公队，在生产之外积极参与军备，保护公司能够顺利生产。"协和义勇奉公队是全伪满范围的组织，由'中央'到'地方'，有一系列的系统组织"①。这是为了巩固统治而设立的组织。日本战犯古海忠一曾说："假设苏日战争爆发的时候，关东军的大批军队就必须完全调派前线去作战，因此就产生了注意防卫满洲国后方的必要，因为中国人民有起来暴动反抗日本的可能。这项防卫工作预定要满洲军队、警察、便衣警察来担当。协和会的义勇奉公队便是这种便衣警察。"② 奉公队可以分为基本组织和特殊组织两种，基本组织以地域或单位划分为地域队和设施队，特殊组织按照功能划分为高射炮队、高射机关枪队和消防队等。按照这样的划分方法，煤铁公司不仅有庞大的特殊组织，而且职能划分细致严密。仅第2区队就有200人，年龄从18岁至53岁不等，并登记造册，现居住地、资格、氏名、年龄、兵役关系、勤务个所、备考等信息一应俱全。职务划分为职员、佣员、准佣员3类。③

在职责分工上，本部，设正副团长；警护班，设正副部长、传令、预备、警备系长、巡查系长、小组组长等；警报班，设正副部长、传令、预备、管制系长、警报监视系长、小组组长等；防火班，设正副部长、传令、预备、通报系长、消防系长、小组组长等；避难所管理班，设正副部长、传令、预备、小组组长；工作班，设正副部长、传令、预备、伪装建筑系长、水道交通系

---

① 高晓燕：《浅析伪满的"协和义勇奉公队"》，《北方文物》2002年第3期。
② 中央档案馆：《伪满傀儡政权》，中华书局1994年版，第634页。
③ 《协和义勇奉公队煤铁公司第二区队队员总名簿》，时间不详。本溪市档案馆藏，资料号全宗第124号卷20，第1—18页。

■ 二十世纪前期日资在华企业的演变

长、系员等；防毒班，设正副部长、传令、预备、警戒系长、消毒系长、瓦斯斤候、瓦斯哨所、小组组长等；救护班，设正副部长、传令、预备、救急系长、治疗系长、医师、看护妇长、看护人、小组组长等；配给班，设正副部长、传令、预备、受领管理系长、受领组长、管理组长、炊出管理系长、炊出组长、分配组长；工场班，设正副部长、班员、公务科（营口工场、木工厂、土木系、发电所、运输系）、制藏科（熔矿炉、骸炭炉、副产物工场、硫酸工场、团矿工场、窑业工场）、探炭科（本部事务所、安全灯系、测量系、第3坑、第4坑、第5坑、柳塘坑、沅炭工场、石灰山工场）。[1]

小结："产业开发五年计划"是在日本军国主义疯狂扩张的历史背景下提出和施行的，作为重要战略资源的来源之一——本溪湖煤铁公司不可避免地被裹挟其中。在执行日本政府和军方命令的过程中，公司不顾客观实际，对很多煤矿和铁矿采取竭泽而渔的方式进行发掘，生产装备过度使用的现象也比比皆是。在这样的管理操作之下，公司终于达到产量的顶峰，但随之而来亦是不可挽回的衰落之势。

---

[1]《第二区防护团编成表》，时间不详。本溪市档案馆藏，资料号全宗第124号卷20，第39—51页。

第六章　劳工问题

本章以劳工来源、生活、工作和待遇等问题为切入点，从"下层人"的角度考察公司的生产、管理与运营状况。劳工来源多种多样，遭遇不尽相同，这也反映了煤铁公司不择手段地搜罗劳动力的殖民特征。劳工进入公司之后普遍没有人权，丧失了某些基本的生活条件，甚至得不到最起码的安全保障。即使从事着超负荷的劳动，他们也未必能得到应有的报酬。

第一节　劳工来源

"九·一八"事变之前，中国东北各矿山的劳工，有83%来自华北。从1923年至1930年，每年约有30万到130万的华北人口进入东北。

表9　1923—1930年从华北到东北的人数及定居人数　（单位：人）

年份	入满人数	以1923年为100的指数	增加比率	定居人数	每年增加百分率	以1932年为100的指数
1923年	342038	100	（+）10.1	101473	（+）74.0	100

续表

年份	入满人数	以1923年为100的指数	增加比率	定居人数	每年增加百分率	以1932年为100的指数
1924年	376623	110	(+) 30.6	176560	(+) 43.0	174
1925年	491949	144	(+) 16.4	252516	(-) 1.4	249
1926年	572648	167	(+) 77.5	249082	(+) 171.5	245
1927年	1016722	297	(+) 27.4	678641	(+) 1.7	669
1928年	1300000	380	(-) 16.9	690000	(-) 33.2	680
1929年	1080000	316	(-) 25.0	460000	(-) 32.6	453
1930年	810000	237	—	310000	—	305

资料来源：[日]依田憙家：《日本帝国主义研究》，卞立强等译，上海远东出版社2004年版，第124页。

从表9可见，在1923年至1930年期间，有大批华北人口涌入东北充当劳工，尤其以前5年的劳工人数增长最为迅猛，直到1928年，增长的势头才有所减弱。其中有相当数量的劳工受雇于东北的日本企业，而其中沦为矿工者更是占据了相当高的比重。

表10　　　　1923年辽阳、本溪湖、抚顺三地征用
　　　　　　　矿工数量统计表　　　　　　（单位：人）

地方 \ 矿工数	中国人	日本人
辽阳	217856	11547
本溪湖	345136	27226
抚顺	11275844	744829
合计	11838836	783602

资料来源：《关东厅第十八统计书》，1924年，满铁资料馆藏，资料号第23594号。

在此之前，汉族并非东北地区人口构成的主体。而劳工的流入改变了东北地区的人口构成比例，为当地日资企业提供了充足的劳动力。然而数量如此庞大的人口到东北谋生，其命运往往是悲惨的。日本人一方面大量地雇用华北迁入的劳工，另一方面明

确提出维护满洲国的治安,抑制人数上日益增长的汉族人在伪满洲国掌权,排挤汉族人的发展空间。此种做法目的是吸引更多劳动力到伪满洲国充当劳动力。

表11　　　　1935年本溪湖煤铁公司的工人结构　　　（单位:人)

民族工种	合计	满人	汉人
1. 矿山劳工	8946	2147	6799
2. 制铁劳工	1654	480	1170
总计	10600	2627	7969

资料来源:[日]依田憙家:《日本帝国主义研究》,卞立强等译,上海远东出版社2004年版,第126页。

在日本政府内部,官员们曾经就是否从华北等关内地区引入劳工产生争议。支持者认为,如果限制华北劳工进入伪满洲国,而仅仅使用当地苦力,可能会增加工程的费用以及延缓工程的进度。而反对者认为,如果继续保持华人流入伪满洲国的现有规模,那么若干年后,伪满洲国就会变成中华民国的殖民地,而且大量无法就业的新进人口也潜藏着巨大的治安隐患。反对者还鼓吹在行业类别上应该重新进行分工,苦力劳工应该由伪满洲国的人来承担;农田应该让朝鲜人来耕作;各类机械手应该交给日本人去做。日本方面也采取过某些阻止关内劳工的进一步流入的措施,根据1934年2月劳动统制委员会颁布的《关于劳工入满的取缔纲要》,从中华民国引进的劳工大体应该安排在土木建筑、煤矿、搬运工、农业等方面,并应限制其人数。而两个月之后,经济调查会也颁布了《劳工指纹管理法案》,保证新进劳工无碍于地方治安,并决定在"新京"设立中央指纹所,在齐齐哈尔、赤峰、吉林、哈尔滨、奉天、山海关、安东、营口和大连设置指纹管理局,其他有必要监管的地区应设置分局。虽然这场讨论旷日持久，但由于日本对于各类产品的需求不断增长，所以从未停止过劳工的引进。在人口迁入的浪潮中，本溪湖煤铁公司的汉族人也逐渐成为其劳工结构的主体。

在劳工招募的形式上，日本也经过了深思熟虑。他们深知，以伪满洲国的名义公开在关内招工是行不通的，因为即使是奉行"攘外必先安内"信条的国民党政府也不会承认这个傀儡政权的所谓"签证"。于是日本人将"台湾总督府"曾经指定南国公司纳入其控制之下，作为台湾在大陆地区招募劳工的法人代表，进而得到了国民政府的许可，在福州、厦门、汕头等地设立了派出机构。同理，他们也试图委托大东公司作为伪满洲国在关内招募劳工的机构。但是这项提议遭到了伪满洲国的警务司和地方司社会部的强烈反对，因为他们认为这样一来伪满洲国的职能机构便无法行使灵活、彻底的监督，而大东公司在"国外"的业务往来则更是超出了他们的管理范围。伪满洲国是完全依附于日本的，其地位不可能像独立的主权国家一样得到保障。但日本为了能够更好地操纵伪满洲国，认为还是应该留一些权力给予这个傀儡政权，最后决定以日本法人、私人会社的形式改组大东公司，象征性地将其劳动调节的权利扔给伪满洲国。

为了支撑其长期侵华和太平洋战争，掠夺中国的资源，驱使占领区人民承担各种艰苦的劳役，日本政府于1941年实行了"国民皆劳"的劳务新体制。根据伪满洲国颁布的《国民勤劳奉公法》规定，青年人满20岁就要参加体检，合格者当兵入伍，不合格者连续三年参加勤劳奉公队。很多家庭为了不出劳工，瞒报适龄者的年龄，动用关系将自己家的适龄劳工顺号向后排列，买通具体负责派工的村镇负责人免于出工，雇人代工，甚至采取

第六章 劳工问题

了逃跑、自残乃至自杀等非人道的办法。当地的一手打油诗道出了这种辛酸：

> 正月里来正月正，普查户口抓劳工。
> 有钱人家花钱雇，没钱人家自己顶。①

然而无论办法如何多样，在日本人和伪政府严密监视下，最终成功地逃避兵役和劳役者却为数不多。日本关东宪兵司令部曾经专门出台过《供出劳工逃避之状况》的内部通报，预防诸如此类的事情发生。

1942年2月9日，伪民生部公布了《劳动者紧急就劳规则》和"行政供出"。② 其后伪满洲国政府又组织了"勤劳部""协和义勇奉公队""国民勤劳奉仕队"等，煤铁公司诱骗了大批青年学生到煤矿做工。此外还通过设立在各地的"招工公所"把山东、河北、天津等地的破产农民利诱到本溪做工。他们大多被招工公所的"楼上楼下，电灯电话，大米白面，牛羊鸡鸭，工资够花，还能养家"等宣传口号所欺骗。老劳工陈天福回忆：由于家境贫困，为了3块钱的报名费，全家坐上了闷罐火车前往矿山，上车时一共有57个同乡，下车时有6个同乡由于车上闷热、饥饿交加已经死亡了，在路上尚且如此，那之后的境遇便如同梦魇了。为了弥补劳工数量的不足，公司还招募了少量不

---

① 李秉刚、高嵩峰、权芳敏：《日本在东北奴役劳工调查研究》，社会科学文献出版社2009年版，第678页。
② 中共本溪市党委史办公室：《本溪湖特殊工人的抗日斗争》，何天义主编：《伪满劳工血泪史》，新华出版社1995年版，第143—166页。

■ 二十世纪前期日资在华企业的演变

掌握技术的日本人。

从 1939 年开始，日军在石家庄、北平、南京等业已占领的华北、华东城市设置了战俘收容机构，并冠以"收容所""训练所""劳工教习所"之名，这些收容机构是为日本提供中国劳工的中转站，其待遇却堪称人间地狱。以石家庄的收容机构为例，1939 年至 1945 年共收纳了 5 万余人，其中 2 万人在收容期间就被折磨致死，另外 3 万余人都被输送到东北，成为刺刀之下的劳工。1941 年至 1942 年，经过日本设在石家庄、保定、太原、天津、青岛训练机构培训和政治洗脑后，太行山区的八路军战俘、中条山战役的国民党战俘以及"大扫荡"时被掳的解放区百姓等 4000 余人被押送到煤铁公司茨沟和柳塘两处矿区，充当体力劳动强度最大、危险程度最高的挖矿劳工，并被标记为"特殊工人"。其中还有很多人在转运的过程中就死在了闷罐车里。以下是山东省临沂县游击队员孙连甲的回忆：

> 我和游击队的 50 多人一起被日军俘虏。当天绑到郯城县城，第二天押到了临沂，关了约半个月。一天，看守让大家都出去，给每个人胳膊上绑了个白布条，上面写着"本溪煤铁公司"，经过几天几夜的颠簸，运到了本溪柳塘煤矿，时间是 1942 年 5 月。①

到了煤铁公司之后他们承受着日本人最为严密的监控，刚到本

---

① 李秉刚、高嵩峰、权芳敏:《日本在东北奴役劳工调查研究》，社会科学文献出版社 2009 年版，第 80 页。

溪时就被迫拍摄半身照,留下指纹,挂上号头即在衣着上有明显的代号标志:01至03分别代表普通百姓、国民党地方军和国民党中央军,05代表八路军。1942年伪满洲国民生部召开会议,决定将特殊工人进一步区分为辅导工人和保护工人,前者主要是被日军俘获的八路军和国民党军政干部。其中,国民党军人占到多数,他们一般在辅导工人的编队里面担任中队长,他们会想方设法了解劳工的思想情况,间接为侵略者控制劳工充当马前卒。而辅导工人中的八路军军政干部则是在后期的历次罢工中起到了中流砥柱的作用,而且在日本行将失败之时,由被俘中共党员自行建立的党支部组织领导了劳工护矿队,为祖国完整地接收公司做出了巨大贡献。

第二节　工作状况

首先考察劳动的工作时间。以本溪湖煤矿为例,工场施行两班制,白班10个小时,夜班14个小时,这就意味着作业面始终处于工作状态,而庙儿沟铁矿白班也长达11个小时。有些矿区的单班工作时间甚至达到了16个小时。"甲班为前六点到午后六点,乙班为午后六点到午前六点,为十二小时工作昼夜两班倒,所以中国煤矿工人可能也是同样条件的工作制。"① 非包工制的劳工采取5天倒班1次的制度,冬季的17点,夏季的16点是固定的倒班时间点;包工制的劳工一般在井下工作,没有固定的劳动时长,倒班取决于何时升井。每个月只有2天休息,此外在日本

---

① 本钢史志编纂委员会:《本溪煤铁公司与大仓财阀》,内部资料,1988年,第85页。

和中国的重大节日有 8 天的休息时间。

　　与每天长时间、超负荷的劳动相比，更糟糕的是企业无法为工人提供足够的安全措施和安全保护，一个大采区仅有一名瓦斯观测员，很难做到及时观测。每当遭遇事故，矿工的死亡率之高令人难以想象。为了节约成本，公司的安全设备短缺是普遍现象，这种状况不可避免地增加了事故中的伤亡人数，而中国广大的一线劳工则是受害最深的。"本溪湖煤矿历史悠久，从露头向下约二百间①以内，有许多旧矿井。第一、第三坑的露头部正好位于溪谷，而第二坑含硫酸较多而且不易排水，所以在雨期，很容易招致水害。"② 因而，不仅是瓦斯爆炸、塌方等常见事故，连大雨都极易导致透水，造成伤亡。矿井生产没有安全保障，不断的事故夺去了无数特殊工人的生命。早在 1918 年，就有一次造成 300 多名劳工死亡的重大事故发生：

　　　　奉天本溪湖煤矿火灾……奉天本溪湖煤矿第二坑失火。坑中工作人三百余名。悉被焚毙。③

　　这次矿难与 1942 年发生的震惊中外的瓦斯大爆炸相比又是小巫见大巫了。1942 年 4 月 26 日下午 2 时许，煤铁公司的茨沟、仕人沟等 5 处矿坑出现大量黑烟。3 时许，日本管理人员赶到事发地，判断井下发生了火灾，此时有数千名中国劳工被困井内。为

---

　　① 间：日本的长度单位，1 间 = 1.818 米。
　　② 本钢史志编纂委员会：《本溪煤铁公司与大仓财阀》，内部资料，1988 年，第 40 页。
　　③ 佚名：《中国大事记（民国八年三月十一日）：奉天本溪湖煤矿火灾》，《东方杂志》1919 年第 4 期。

第六章 劳工问题

了减少公司损失，采煤所长腾井渡和保安课长山下寿全然不顾井下矿工的死活，下令送风机停止向井下送风，并将坑口堵死，希望通过隔绝外界空气的方式使井内火灾自然熄灭。当得知煤矿二区长上野健二还在井下时，当即下令救援队下井搜索，救援队不顾其他劳工的死活，只救了上野健二，因此上野健二也成了这次重大事故中井下唯一幸存的人。

事故发生后，清理人员把比较完整的尸体直接放在矿车上，已经碎得不成样子的就装进筐内送出井口，这样的工作持续了七八天，但仍有很多尸体没有拉出来，井内变得腐臭难闻，劳工根本无法下井继续采掘，后来日本人不得不把大量的酒泼到井内去除臭味。

在事故发生后，公司内部通告有 1327 人死于矿难，[①] 同时为了对外有所交代，公司也玩弄了一些掩人耳目的把戏。"同年 8 月，在埋葬矿工的'肉丘坟'上立了一块墓碑，纪念死亡矿工，美其名曰'本溪湖煤铁公司产业战士殉职墓碑。'"[②] 令人愤恨的是，碑文讲述是由于施救困难才导致了矿工的大量死亡，这种说法引起了公司内外的强烈愤慨。"事实上，在对大爆炸的幸存者和见证人的调查过程中，众多的被调查者都指出大爆炸有 3000 多

[①] 矿难爆发之后，日本人为了掩人耳目，在肉丘坟上假惺惺地立了块沾满血迹的石碑，并美其名曰"殉职产业烈士之碑"，碑文上刻着 1327 名矿工遇难，虽然实际数字我们至今不得而知。但可以确定无疑的是，1327 这个数字纯属捏造，并与真实的死亡数字大相径庭。伪庄河县长就死亡人数问题与本溪煤矿当局进行交涉中，也可得到旁证。本来庄河送到本溪煤矿 1500 名劳工，在这次瓦斯爆炸时，全部遇难。而日本人在通知庄河县时却说只死了 500 人，从中我们可以清楚地看到，日本人仅对庄河一县就隐瞒 1000 人之多，其他各县的情况就可想而知了。

[②] 薛世孝：《"万人坑"——日本残杀中国矿工的铁证》，《河南理工大学学报》（社会科学版）2013 年第 4 期。

中国矿工丧生。"① 其中有些受访者亲耳听到过把头们统计报表时的议论，因而可信度较高。死者中除了 31 名日本人，其余均为中国和朝鲜劳工。而事件的起因是，由于当天雷电交加导致坑内停电，但日方不允许矿工升井，仍命令劳工强制作业。而雷电天气所导致的设备故障无人发现，所以当电力恢复时，马达过热产生了电火花，点燃了瓦斯。此次事故不仅造成了千余人死亡，最为可恨的是，事故发生之后，日本人为了保住矿井，把井口密封得严严实实，目的是隔绝空气阻止火势蔓延。结果到了第二天大火才彻底熄灭。为了防止遇难矿工家属打开坑口，日本人竟用电网将坑口围住，很多妇女为了救助自己的丈夫躲过日本人的棍棒和刺刀之后，直奔坑口而去，结果触电身亡。据众多幸存者回忆，事故过后他们下井清理尸体时，发现距出口只有 200 米的地方有辆大牵引力的电车横卧在轨道上，除了司机被碾死在下面尸体保持完整外，其余的人全都身首异处了。压风机房口附近，有 200 多具尸体重叠在一起，说明他们不想被熏死，生命的最后一刻还朝着风口移动。更多尸体嘴里衔着毛巾，说明他们不是被炸死的，而是由于日本人为了灭火停止了送风而中毒身亡。

"日本人在沈阳出版的《盛京日报》上，对这次事件仅仅刊登条不到 30 个字的消息，大意是本溪湖煤矿柳塘坑发生瓦斯爆炸事故，损失轻微，用以欺骗世人。"② 直到战后的 1946 年，事件的真相才逐步公之于众：

---

① 阎振民：《伪满本溪湖煤矿大爆炸遇难矿工数目辨析》，《辽宁师范大学学报》（社会科学版）2003 年第 6 期。
② 李秉刚主编：《日本侵华时期辽宁万人坑调查》，社会科学文献出版社 2004 年版，第 348 页。

第六章 劳工问题

中国及朝鲜矿夫猝不及出矿，窒息死者一千五百二十七人，受伤者六十八人，其中二十二人成为残废。惨案发生后，日军事当局力守秘密，一个月间甚至不通知日政府，更未向外国报道。①

经过公司四十多天的调查，虽然众人都认为瓦斯引起的爆炸是确凿无疑的，但为什么会造成如此之大的伤亡令人百思不得其解。直到从北九州请到的顶尖技术人员调查后真相才浮出水面——矿区的煤尘纯度可以形成燃烧甚至爆炸，因而这场惨绝人寰的事故是瓦斯和煤尘引起的联合大爆炸。而事故的追责更加令人愤慨，死亡人数如此之巨的特重大生产安全事故仅以惩罚公司炭业部长今泉年薪的10%而草草了事，这再次证明了中国劳工的生命被日本侵略者视如草芥！

不仅日本人肆意虐待杀害中国人，有些当把头的中国人也是无情地残害着自己的同胞。据庙儿沟铁矿幸存者徐景义回忆，那时有个工人要结婚，向把头张万玉请假。张万玉说："你还想结婚，我先让你发昏。"说着一镐下去，那个劳工便气绝身亡了。而徐景义当时也只有14岁，因为刨石头时多直了几次腰，头上挨了一镐，后来被家人抬回了家休养半年多才算捡回条命。据公司幸存者回忆，当时劳工没有像样的衣服穿，只有下矿时才发给工作服和水袜子。所谓的工作服像是用糨糊糊的一样，洗完之后形状不规则，挖煤的时候稍不小心就会成为布条。由于资料的缺乏，水袜子是什么样我们不得而知，但可以确定的是这种特殊的

---

① 佚名：《四年前本溪湖煤矿惨案》，《导报》1946年第12期。

**图14　本溪湖煤矿1942年4月26日瓦斯爆炸后
死难劳工的埋葬地——肉丘坟**

资料来源：李秉刚：《万人坑——千万冤魂在呼唤》，中华书局2005年版，第49页。

袜子质量极差。即使这样，每次结束工作出井的时候还要脱下交给把头。有的劳工因为生病连站立都困难，但日本人和把头仍强制他们下井工作，生病劳工不堪其辱在坑道内自缢身亡。

　　日本侵略者在侵占本溪煤铁资源的时候犯下的罪行罄竹难书，仅矿田周围就形成了南芬庙儿沟、一铁厂、太平沟、柳塘南天门、月牙岭矸石山和溪湖仕人沟6处万人坑。1931年，柳塘矿开始生产之后，不断有被饿死、被打死、病死的劳工被扔到南天门地区，一些工棚里的劳工死亡十之八九，死者尸体不断被扔进巨大的南天门沟内，到日本投降时，已经堆积成10万平方米的万人坑了；溪湖太平沟万人坑，是因为仕人沟的万人坑被填满，不得不转移出一部分尸体到此而形成的；矸石山原来是矿车的必经之地，后来由于生产事故频发，死亡矿工太多，日本人为了省事就将尸体放到矿车上，一起推到山坡下面，此后无人管理，逐渐形成了白骨累累的万人坑；南芬庙儿沟万人坑的死者不仅有铁矿劳工，还有所谓的"政治犯""嫌疑犯""国事犯"，他们的尸体多数被山下的两座炼人炉炼化，但是由于尸体太多，到日本战败时，残留的尸体仍然形成了万人坑；溪湖仕人万人坑埋葬着"四·二六"矿难的遇难同胞，他们的尸体在山坡的一个大坑内分5层叠放着，最上面仅用薄土覆盖。

以上所提及中国劳工在工作中遭受人身自由的限制、残忍的虐待等在东北各处矿山中不是孤例，可以说在煤铁公司里发生种种骇人听闻、惨无人道的事情在别处也多有出现，但是较为特殊的是，煤铁公司往往会使用辅导工人来填补矿区的劳动力空缺。"由于两千多名矿工死于非命，本溪矿劳动力骤减，生产局面无法维持。日本帝国主义便将大批战俘和劳工从关内押送到这里，特殊工人便成为这里的主要奴役对象。"①

为了破坏辅导工人的地下斗争，日本人采取了软硬兼施的方法。一方面从所有的辅导工人中选出100人，让他们摆脱辅导工人的帽子，给予其相对宽松些的人身自由；另一方面从中挑选300个身体最好的组成直辖系，由日本人直接管理，其余的人被编成中队和小队实行"连坐法"，并规定在上厕所时不准穿上衣以防其趁机逃跑。在工作时，他们又被分为茨沟和柳塘两个中队，设正副中队长、总务、文书小队长等职务，上下班均有人监视。在这样的环境下，他们死亡率极高。以来自石家庄训练所的

---

① 王希亮：《大地怒火——中国东北特殊工人抗暴记》，黑龙江人民出版社2003年版，第238页。

■ 二十世纪前期日资在华企业的演变

八路军俘虏为例，最初到煤铁公司有 80 余人，日本战败煤铁公司被解放时只有 8 个人幸存，死亡率奇高。尽管如此，他们仍旧没有放弃，采用了逃跑；派人监督监工，等监工来了就用暗号传递信息，形成只有监工在才工作的"磨洋工"策略；辅导工人还趁监工不在时，悄无声息地采用松动铁轨道钉、割坏运输皮带、破坏电线等多种方式破坏生产，但这种做法十分危险，一旦被日本人发现就会被处死；用假装打群架的方式把二把头也牵扯进来挨打的方法；贿赂日本人，让其教训大把头；根据日本人的觉悟采取拉拢或者消灭两种策略，辅导工人八路军政工干部赵仲林就积极争取了有正义感的日本年轻人吉冈，后者在被争取后，曾多次暗中帮助中国劳工。日本战败之后，吉冈加入了八路军，把一腔热血洒在了解放战争的战场上，为自己曾经的恶行做了最好的忏悔。针对那种军国主义思想根深蒂固的日本人，辅导工人们采取教训落单日本兵的方式，将在境内巡逻的单个日本人打死后掩埋在矿井内，以至于后来没有日本人敢独自下井了。当然，公司也采取过措施试图减少人员伤亡。1915 年，成立了附属医院。对常役夫以上等级的人员实行"公伤"公费医疗、"私伤"自费医疗，由于底层工人的经济实力薄弱，实行公费医疗，但在具体操作中，有多少底层劳工享受过这种公费医疗未置可否。劳工在工作中负伤，可以申请假期养伤，但要通过严格的审查。

图 15 中的负伤报告详细记录了申请人姓名、年龄、隶属部门、工号、负伤地点、负责人、负伤部位等多项信息，且有警务系和负伤系联合进行审查。此外，公司设有保险科，部分劳工买有保险。保险卡内容丰富，有保险者的姓名、工号、住址、担保人的信息、保险金额以及月检情况等。

第六章 劳工问题

图15 负伤报告
资料来源：《负伤报告》，1937年。本溪市档案馆藏，资料号全宗第124号卷60，第104页。

图16 劳工保险卡
资料来源：《岩川保险卡》，时间不详。本溪市档案馆藏，资料号全宗第124号卷11，第64页。

但直到1930年，死伤人数并没有因此出现明显的下降。井下因公死伤人数平均每月多达二百到三百人，因此，公司在实行安全日的同时，颁布了防止因公死伤奖励办法，从一九三〇年八月起施行，其结果，数目逐渐减少到每月一百人以下了。可见，采取一些基本的措施是可以大幅降低劳工的伤亡比率的，但这种办法所实施的范围太小了。1918年至1920年，全公司劳工总数只有5000人左右，这也就意味着有三成至五成的劳工受过伤，"截止1945年'八·一五'光复，整个本溪矿区的特殊工人将近半数死亡"①。

---

① 陶守崇：《本溪特殊工人在"八·一五"的日子里》，何天义主编：《伪满劳工血泪史》，新华出版社1995年版，第184—189页。

第三节　薪资待遇

在煤铁公司里，确实有少数日本人分布在各科的一线岗位上。即便如此，在同样的岗位，做同样的工作，日本劳工的工资却是中国劳工的 2—3 倍。而在整个中国东北地区有日本方面参与的企业当中，中国劳工的工资仅为相同岗位日本劳工工资的 1/4。而中国劳工中，命运最为悲惨的就是在一线的挖掘劳工，他们不仅冒着生命危险为公司谋利，而且其所得连维持基本的生活所需也相当勉强，所以他们中间流传着"黑爪子挣钱，给白爪子花"的怨言。相比之下，总办的工资奇高，相当于几百名劳工的收入。"他们的工资是绝对低的。把头垄断着劳工的伙食饭，他们用很差的苞米面和高粱米作为主食高价售出，到了后期由于战事的紧张以及物资的缺乏，主食被质地更差的橡子面和糠皮取代。"[①] 而实际情况往往更加糟糕，很多人不仅无法存下任何积蓄，还被大小把头、拉杆、带班、催班、遛掌子等以各种方式占去生活费的一部分，甚至让这些可怜的劳工"欠债"。不仅如此，公司还利用不同货币之间实际购买力的差异，变相克扣劳工的血汗钱：

> 本溪湖煤铁公司本系中日合办，置有华总理，惟有名无实。大权操诸日人，该处矿工工资向用奉票发给，然当奉票

[①] 李秉刚主编：《日本侵华时期辽宁万人坑调查》，社会科学文献出版社 2004 年版，第 337 页。

跌价以来，经几番议定已按时价折合大洋补足。殊进来该公司以为如此不合算，复将补给之部分停止不发。①

他们不仅在劳动和生活的过程中受到日本人的无情杀戮，而且名义上的微薄工资也被大小把头、拉杆、带班、催班、遛掌子等以各种理由强行搜刮。为了削弱他们的反日意识，日本人还组织妓女到电网内为他们提供服务，也通过妓女了解他们的思想动向。更为可恨的是，公司还想出了其他花样，使微薄的工资很难真正地落到劳工手上。把头们搞出了"卫生费""必胜储蓄券""富国公债""大兴有奖储蓄"等各种名目从劳工身上套取现金。有人还垄断了公司内部的市场，对生活必需品实行高价销售，很多劳工在月末没有任何结余。令人发指的是他们还通过引诱劳工吸毒和赌博，从劳工身上谋利。

此外，他们还准许劳工进行高利贷似的"赊账"，这就使得很多辛苦劳作的工人不仅自身没有任何积蓄，反而对公司欠下了"巨债"。此时，中国国内军阀混战，抓壮丁的现象比比皆是，公司劳工也曾被掳走，但从公司给当地警察所的致函中可以读出另一番味道：

敝公司年久，工人欠支尤夥，如不设法追偿，长此损失，宁堪设想，为此函请贵所向该招募处代为追索。②

---

① 佚名：《海防与本溪湖矿惨剧》，《国闻周报》1927 年第 34 期。
② 李秉刚主编：《日本侵华时期辽宁万人坑调查》，社会科学文献出版社 2004 年版，第 324 页。

■ 二十世纪前期日资在华企业的演变

并随函附一张被抓工人所欠债款数目的清单。正因为劳工遭遇的种种非人待遇，魔窟般的矿山内流传着一个歌谣：

> 大把头吃人肉，
> 二把头喝人血。
> 全身只剩一把骨，
> 监工还要骨榨油。①

很多矿区里，九成以上的劳工都欠债于公司。可想而知，他们若有家庭，那么家人的生活状况想必也同样悲惨。公司管理层深知把头制不仅让很多劳工血本无归，更影响了其工作积极性，对企业的效益有着明显的影响。管理层曾试图废除把头制，让劳工直接归公司领导，但在基层遭到了层层阻碍。最后把头制没有被完全取消，只是把间接的把头制改为直接的把头制，减少些中间环节，剥削的程度也稍有降低。

第四节 生活情况

劳工到了公司之后，便沦为只会干活的机器，不再是真正意义上的人。他们不准使用自己的姓名，代之以编号，待遇还不如囚犯。

没有钱的工人被安排在公司的"大房子"里，最大的一处被

---

① 李秉刚、高嵩峰、权芳敏：《日本在东北奴役劳工调查研究》，社会科学文献出版社2009年版，第198页。

称为苦力大房子，其余按照分布的地点被称为西山、南山和东山大房子。"这种大房子卫生条件极差，室内又黑又臭，夏天闷热，苍蝇、蚊子满屋飞，臭虫满床爬；冬天寒冷，四壁结满冰霜。床铺分上下两层，拥挤不堪，在不到十米长的床铺上，要睡上三十人。"① 白天上厕所也要在"棒子队"的监视下，而且无论外面是刮风下雨，或者天寒地冻，为了防止劳工脱逃，方便的时候一律不准穿上衣，有的人并没有脱逃的意图，只是不慎忘记脱上衣了，回来也要遭受鞭打。与此形成鲜明对比的是，高高在上的总办，则住在奢华的别墅里。

愿意自己花钱租房子的劳工，其居住条件也是很差的。由于收入微薄，他们无力租住条件较好的房子，多数人只能住进临时搭建的窝棚。数万劳工的窝棚一眼望不到边，被市民称为"苦力村"。"苦力村内劳工的生活极其艰苦，席棚子里没有床，铺点稻草就当炕，冬天被冻得夜不能寐，夏天苍蝇、蚊子泛滥成灾，地面潮湿，很多人长了疥疮。工人干活没有水喝，只得喝臭水沟的污水，吃的是发了霉的苞米面、橡子面。"② 而且，他们和居住在大房子里的劳工一样，没有人身自由。苦力村四周被电网围着，外面有日本的军警巡逻，还设置了狼狗圈用来震慑想要逃跑的劳工。事实上，不仅在煤铁公司，整个伪满洲国境内所有煤矿，都有武装人员进行监视，并出台了《矿业警察规则》③。由于对军事战略资源的高度重视，煤铁公司在此基础上，采取了更严厉的制

---

① 《本钢史》编写组：《本钢史》，辽宁人民出版社1985年版，第70页。
② 李秉刚主编：《日本侵华时期辽宁万人坑调查》，社会科学文献出版社2004年版，第334页。
③ 《矿业警察规则》，1943年。本溪市档案馆藏，资料号全宗第124号卷149，第67—76页。

裁措施。

无论是大房子还是苦力村，卫生条件都极其糟糕。平时，起码的饮食和饮水卫生根本得不到保障，这也是夏季流行病多发的重要原因之一。

图 17　矿工在饮用从井里直接汲取出来的生水

资料来源：佚名：《本溪湖煤铁生产：入井之前的矿工》，《世界画报》1948 年第 1 期。

劳工们起初吃着橡子面做的窝头，而咸菜只能在把头那里用高价买到。后来因为窝头实在难以下咽，开展绝食斗争。日本军人茅利想"以身作则"，拿着窝头吃起来，却根本无法下咽。从此之后，就在橡子面里掺入少量玉米面来做成窝头了。劳工们平时衣不遮体，睡无枕席，更谈不上有被褥了。卫生条件极差，到了夏天蚊虫肆虐，瘟疫流行。因生病无法劳动者，随时有可能被军警抬出，声称带出去治疗，实际上就是活埋。

一铁厂万人坑的死者多数都是由于生活条件极差而患上传染

病身亡。1940年至1942年，矿区连续暴发了几次大规模鼠疫，具体的死亡数字至今也无法得到统计，仅大把头卢殿臣手下就有1500多名矿工死去。还有些来自山东的劳工，因为其中有人染上了鼠疫，日本人为了防止疾病蔓延，就用电网围住他们居住的房子，并撒上白灰作为"禁区"的标志。后来为了阻止疾病蔓延，甚至把房子和人一起烧掉。为了防止他们脱逃，房子外围还有圈大电网，大电网内套有小电网，并在矿区、车站、市区设有多处哨所驻扎宪兵，公司内部还设置有特高系、警备系、劳务系、警察所等在暗处和明处监视他们。此外，还设有狼狗圈、水牢、康生院等惩戒机构折磨他们，当他们一旦犯错，就会遭到各种非人道的刑法。

……内有该矿陈医师，日人指为特殊关系，不允其离去本溪，近闻被日人强灌煤油等种种极刑致死。

十二月一日张大焱。[①]

对于所谓的政治犯、思想犯、经济犯，日本人也有特殊的机构进行管理。1943年，本溪湖矫正辅导院成立，更多的政治犯被收容进来。所谓的政治犯就是日本人认为的有反日反满倾向的人；思想犯就是违背统治者意识，不好好接受日本文化和奴化教育的人；更为荒谬的是，所谓的经济犯竟然包括一个违背日本人意愿、偷偷吃肉的中国人。

[①] 佚名：《本溪湖煤铁矿陈医师被日人强灌煤油勒毙》，《矿业周报》1921年第169期。

■ 二十世纪前期日资在华企业的演变

在整个合办时期，工人们的反抗斗争始终没有停止，可谓是风起云涌。许多劳资纠纷和罢工活动是与奉天省的金融体系崩溃紧密联系的。奉系首领张作霖一直企图武力夺取北京中央政权，在军事准备之前，命令东三省的官银号滥发不能兑换的奉天票，以此来囤积军用物资。1925—1930年，奉天票就贬值到原来购买力的1/60，正因如此，以奉天票作为结算货币自然要遭到底层劳工的抗议。为了平复汹涌的罢工浪潮，公司试图以提高基本工资、发放赏钱、发放临时津贴以及直接提供食物补贴来安抚劳工。但这些补救措施却收效甚微，抗议和罢工的浪潮仍旧是汹涌澎湃。1925年5月选煤厂劳工开始罢工、1926年2月第2坑煤矿劳工开始罢工、1926年4月公司360名劳工开始罢工、1926年6月第2坑煤矿劳工再次罢工、1927年4月近4000名采煤劳工罢工、1927年5月发电厂全体劳工罢工、1927年8月4500名劳工开始大罢工等。值得注意的是，发生在1927年的"八·二三"大罢工的起因很简单：一是由于当地征税逐年增高，劳工要求公司发放少量津贴来维持最基本的生活；二是要求公司改变以采煤量作为发放米津贴的方法。然而这些最起码的要求也未能得到满足，并且日方总办岩濑德藏不顾中方总办的劝阻，打电话叫来日本警备队和警察前来实施武力镇压，劳工伤亡近百人。最令人感到愤恨的是，追不到罢工劳工的日本警备队气急败坏地冲进简陋的劳工宿舍，对没有参加罢工的劳工举起刺刀，导致无辜劳工6人死亡，41人受伤。还有此前的1919年大罢工，劳工要求提高工资水平和改善居住条件，考虑到当时的劳动环境，这两项诉求完全合情合理。值得庆幸的是，罢工三天之后，资方答应了请求，最值得关注的是，这次罢工有100多名日本籍劳工也参加了，因而也称作"中日工人联合罢工"。在历次罢工活动中，宪兵、军警、监工和把头对日本工人的反抗也进行无情的镇压。"三十五名日兵用枪把打人，其刺刀反刺腿部，受微伤者两名，日本职员受重伤者二名。"①

图18 被劳工用石子击毁之选煤场

资料来源：佚名：《本溪湖煤铁公司最近风潮纪实：被工人用石子击毁之选煤场摄影》，《矿冶》1927年第2期。

在罢工面前，日本的新闻媒体有着颇有见地的看法："一、合办组织的根本性缺陷，即双重管理人员制；二、公司地区没有日本军警管辖的无警察性；三、日本政府对满蒙的积极政策和满洲的反日运动的影响。根据日本警察的调查，没有发现指导关内劳工运动的中国共产党的影响。"② 而双重管理人员制的缺陷，在很多事情上都可以体现出来。比如，中方管理者一直对于日方的专横跋扈有所不满，因而部分管理者在罢工浪潮中站到了劳工一

---

① 佚名：《本溪湖矿潮惨剧史》，《国闻周报》1927年第39期。
② 佚名：《本溪湖煤铁公司罢工》，《调查时报》1927年第7卷。

■ 二十世纪前期日资在华企业的演变

边,此举引起了日方的极大不满,为了解决在管理层出现的分歧,日方使用警察对这些中方管理者直接进行了抓捕,这样管理层的意见就"统一"起来了。但日方也迫于形势不得不采取一些措施改变现状,开始兴建附属医院和职工学校:

呈省政府为遵令拟考核省立本溪湖矿冶专科学校办法请鉴……因奉此查该校既已成立,并由钧府颁发校章,关于考核办法,自应详为规定。兹遵拟考核办法九条,是否有当理合缮呈鉴,核察夺施行谨呈。①

由于公司成立了职工子弟学校和本溪湖矿冶专科学校,在一定程度上提高了劳工的生产技能。但多数劳工都是被骗到公司充当没有任何人身自由的苦力,在公司还遭到了非人的虐待。如前所述,劳工在工作中往往采用制造事故、磨洋工等手段进行抵制,所以生产效率的提高是很难达到的。

小结:劳工问题涉及其来源、工资、工作和生活等各个方面。概而言之,劳工的工资微薄,从事着超负荷的劳动,工作环境极度危险,生活上也饱受折磨。这些事实是日本帝国主义压榨和剥削中国人的明证。中国工人为此进行了激烈的反抗,日本人在残酷镇压之余,也适当地进行了企业改革。当然,这些改革没有改变矿区劳工的悲惨境遇,也无法掩饰帝国主义的罪恶本质。

---

① 佚名:《辽宁省教育厅训令:呈省政府为遵令拟考核省立本溪湖矿冶专科学校办法》,《辽宁教育公报》1921年第31期。

结　　语

　　由于受到日本军事扩张和公司内部力量相互博弈的影响，本溪湖煤铁公司在"大仓独占""中日合办"和"三方联办"时期，以及在公司扩张、加速生产和劳工管理的过程中所体现出的人事组织、规章制度、生产经营状况均有所不同。这种差异就是本书探讨的中心所在。

　　在以上具体研究的基础上，笔者得出以下几点认识：

　　一、从现有的研究来看，学界大多强调公司作为日本战略资源主要来源之一的巨大作用，很少有人提及公司产品在日本国内民用领域的广泛应用，笔者认为这种说法太绝对，公司产品也曾遍布日本国内很多非军事领域。"除军用官用之外，作为日本国内的一般市场有：小野田水泥厂、田中矿山部、久保田铁工所、东京瓦斯、名古屋瓦斯、东邦瓦斯、广岛瓦斯等煤气公司、三菱矿业会社牧山炼焦厂、大阪舍密工业、东京舍密炼焦厂、龟户炼焦厂、神奈川炼焦厂等焦炭制造，化学工业等厂家。"[①] 低磷铁会

[①] 本钢史志编纂委员会：《本溪煤铁公司与大仓财阀》，内部资料，1988年，第34页。

■ 二十世纪前期日资在华企业的演变

销往日本钢管、大岛制钢和东京钢材进行民用。这就充分说明了，公司的海外重要市场之一就是日本的水泥、电力、能源、矿业等非军事领域。

二、煤铁公司筹资手段十分丰富，尤其是公司的日方管理者善于使用金融手段进行融资，债券上市、股份转让等手段都发挥得淋漓尽致。此举在获得巨大经济效益的同时，也逐步实现了绝对控制权的转移。有的学者认为，除了公司创始阶段中方曾使用矿权等作为股份，尔后随着公司的扩张，每次增加资本均采用现金注入的形式。"弓长岭铁矿是完全以矿业权作股的，还有部分以矿业权作股的，如本溪湖煤铁矿。该矿合办时规定资本中日各半，各一百万元，中方的矿业权算作三十五万元，其余六十五万元则以现金投入。弓长岭矿在增资时仍可以矿权作股，而本溪湖矿的矿权作股是一次性的，以后增资得完全用现金。"[①] 而实际情况是，日方曾利用不同货币之间的实际购买力，赚取巨额利润的同时，公司采用出售股份、发行股票等融资手段扩大资本。正是通过这些形式，中方大量股份被日方买入，从而实现日方对企业的实际控制。

三、"产业开发五年计划"的幕后推手究竟是谁？《大仓财阀的研究》认为公司第二次改组的直接契机是 1937 年开始实行的"五年计划"。随着计划的公布，公司走上了急剧扩张的道路，主导公司扩张方向的却是关东军。而笔者认为，关东军在战事迅速扩大的 1937 年，已经无暇直接关注伪满洲国经济的每一个细节，从伪满洲国的每一个企业中获得充分的战略物资才

---

① 徐梗生：《中日合办煤铁矿业史话》，商务印书馆 1946 年版，第 217 页。

是他们最为关心的。因而，在此大背景下，主导公司改组的背后推手应该是日本政府，也就是说计划的总后台是日本政府，打手则是日本新兴财阀，并且这种关系贯穿于日本对外侵略之始终。日本政府与军方的合作与矛盾也是耐人寻味，当日本政府被军方绑架到扩张的快车道，就因势利导地推出了"产业五年计划""北边振兴计划"和"百万户移民计划"。而在这种大背景下，煤铁公司直接或者间接受到了日本政府的政策影响。所以在此情况下，无论是军方还是新兴财阀也只是日本政府的打手罢了。

利润是企业的不懈追求，但这却不是评判企业的唯一或基本标准。正是在利润至上这一思维的长期潜移默化之下，人们对于企业史的研究围绕着投入与产出、企业自身的生存与发展等经济领域，而对于企业的社会效益与道义责任则比较忽视。本书展示了本溪湖煤铁公司的产生与发展，实际是建立在对中国自然资源的大肆掠夺、对中国劳工的压榨与剥削之上的，实质上是日本殖民扩张的一部分，并助长了其殖民扩张。

企业史的研究也不能局限于企业自身，其生存与发展又与时代背景、国家的兴衰荣辱密切相关。本溪湖煤铁公司在中国的发展壮大，正与日本殖民主义的步伐是一致的。虽然在表面上有市场的融资渠道、受到最大出资者的掌控，但其背后实际是日本政府或军方的操纵与支持。与此形成鲜明对比的是，中国民营资本企业举步维艰，虽然也存在资本不足、经营管理等方面的问题，但与当时国家的积贫积弱、政局动荡等因素密切相关。

虽然如今的各国企业可以走出国门、走向国际，将整个世界作为其融资的渠道与市场范围，但企业的社会效益与社会责任仍是需要评估与考虑的重要问题，而企业的生存发展也与地缘政治、股东的国别身份存在直接关系。上述历史与现实的相互映照，不仅昭示了企业史研究的重要性，而且呼唤企业史研究的新视野与新思维。

附　　录

附录1：

《公立合同》

公立合同。华商周福朗与日商大仓喜八郎在奉天本溪县属卧龙村地方，觅有铁矿一所，彼此商拟合办。俟具禀中国官宪允准后，先行开办探矿，因此订立左开条项：

第一款　筹出探矿费银壹万元整，开办探验苗钱；

第二款　开采股份应以华商六股、日商四股为准；

第三款　探矿倘有把握，一面即应具禀请领开矿执照，其如何办理之处，俟允后商定；

第四款　请领开矿执照时，关于本矿务全部事项，应订立详细合同，一律遵照中国部章办理；

第五款　探矿原系成效难预测，因此虽全归亏损情愿无返悔，并与国家无涉；

第六款　请探矿如中国官宪批驳不准，此项合同即行作废。

光绪三十三年六月二十四日

明治四十年八月初二日

附录2：

《呈请勘矿执照禀》

——清国盛京省本溪县境内梨树沟座落；

——本溪湖矿政分局新管内；

——铁质、旧峒、层积未详；

——民有山地。

谨具者日矿商大仓喜八郎代理高津龟太郎现与中国柴修文协商妥议，业经地主勘矿允许，将上开铁质拟探勘。特此具禀，恳求勘矿执照发给，此呈。光绪三十三年十一月

日本东京矿商大仓喜八郎代理高津龟太郎
奉天省本溪县柳塘柴修文

附录3：

《中日合办本溪湖煤矿合同》

奉天交涉司使现奉东三省总督派委督办本溪湖煤矿一切事宜，兹特与日商大仓喜八郎订立合同如下：

第一款　此合同订定得中国政府批准后，本溪湖煤矿即作为中日两国商人合办事业，定名为：本溪湖商办煤矿有限公司。以下本溪湖煤矿有限公司称为公司，大仓喜八郎称为大仓。

第二款　中国政府兹允许将本溪湖煤矿作权利股本银北洋大龙元叁拾伍万元，准公司开采。经此合同批准开办之日，公司即须将此项矿股叁拾伍万元之股票呈交中国政府收执管业。

第三款　公司办理本溪湖煤矿其股本限定贰百万元，以北洋大银元为准，中日商人各出其半。中国商人现已有中国政府所出之矿股银叁拾伍万元，应再出股本银元陆拾伍万元；其余壹佰万元归大仓担任。所有矿股及股本之利息由开办及交股银之日起算。

第四款　本溪湖煤矿开办后每年所得余利照后开章程办理：

甲、先付贰百万股本之利息，按常年捌厘计算，即每百元付利息洋捌元，每年一付。如公司所得盈余不足付捌厘利息之时，可付捌厘以下之利息。

乙、即支利息之后所余之款分作十份，以一份提作公积，以二份五付交中国政府作为公司报效中国国家之款，其余六份五归中日股东平分。此项公积金将来由股东察核情形，如认为十份充足时，可即停止，惟此项公积不能分得利息。

第五款　公司总办中日各任一员；其他各员由两总办协商，务期平均委派。所有该矿各项新旧工程，以及支付款项，须由两

■ 二十世纪前期日资在华企业的演变

总办商妥签字后方可举行，并须随时报告督办。各项账目，以及一切证据、书类，须用合格中日公司员照至善方法办理，以中日两文缮写，俾两总办易于阅核。凡有应行事务，均由中日两总办办理，或委员代理。由公司出名公同署押公司计算账目，以及分配利益，一切均按中历办理。

第六款　公司开办日期，即以奉到中国政府批准合办之日为始。

第七款　公司开办以后，如必须添加股本或借债时，由两总办协商后再商允两国股东方可举办。其款中日股东各任一半，惟不得借用中日两国以外之款。至公司除必须借债时外，所有一切财产不得抵押与人，股东亦不得将股票任意售卖。所用开矿工人以雇用中国人民为主。

第八款　此合同以三十年为限，由奉到中国政府批准之日起算，计至第三十年底止，即此合同满了之期。至期公司即行解散。中国政府即将所得矿股之股票交还公司，将矿区收回。所有公司之一切动产——铁轨、坑木及建筑物，应从速公平估价拆售，将售得款项以及公积之款，中日股东各得一半。即将本合同作废。所有公司发给股东之股票，均应于合同满了时缴销作废。

但本合同满期之后，中日股东皆愿续约，则可商议展长期限。惟本合同期满之后，无论何时，中国政府如欲自办，其矿区即由中国收回。公司所有之动产——铁轨、坑木及建筑物，由中国国家按照公平估价收买，公司即行解散。

第九款　公司应纳之税：每出煤一英吨，纳厘金库平宝银六分，又税银库平宝银一钱；所有公司使用之官有地面每亩每年纳库平银二钱；公司如将煤运输出口每一英吨应纳海关税库平银一钱。以后如中国各省准予中外合办之煤矿，其所纳税银有较以上更低者，公司亦可禀请援照完纳。将来农工商部矿务新章宣布实行后，此合同如有应行增改之处，经东三省总督饬知，即当遵照办理。

第十款　公司应用之材料、物件，除须完纳海关例税之外，其余厘金一概豁免。

第十一款　本溪湖煤矿自光绪三十一年至宣统元年闰二月底止，经大仓独立开采所投入之一切款项由中国政府准予作股本银北洋银圆壹百万元，即作为大仓名下交付公司之股本。所有一切机器、房屋、工程、仓库物料等件，即于此合同批准之日由大仓切实点交与公司收管，公司即将此项股本壹百万之股票交与大仓收执。此期间内大仓所投入之一切款项，即经中国政府准予作为股本，则大仓尽数交付与公司。自宣统元年三月以后至公司开采之日止，大仓添置机器及其他必需之工程等项投入之款，应由公司确实查明认为正当之款者，即由公司付给。此种机器工程等项，即归公司收管。大仓并应将三月以后历来售得之煤价，协同公司详细结算清楚，由大仓尽数交付与公司。其现存矿地之煤觔亦应如数交与公司管理，不得索取价值。

第十二款　公司开采煤矿之区域，应于此合同批准后由督宪派员详细丈量，绘定四止详图，交给公司遵照采办。倘公司于工作时寻获古物，应归中国国家所有。

第十三款　公司开采煤矿其区域内所用之土地应出公平之租价。如遇必须拆房及迁移坟墓等事，应禀由地方官转饬该业主办理，公司当出公平之赔补费及迁移费。

第十四款　此合同签印后，由督办委派妥员会同大仓之代表人，预备一切开办事宜，并限于三个月内订立营业详章，呈候督办核定，报明督宪批准照办。

  第十五款　此合同以中日两国文字缮写五份，以一份呈督宪存案，以一份呈交涉司，一份交大仓，一份交公司，一份交日本总领事馆。遇有误解时，专以中文字意为凭。

宣统二年四月十四日

明治四十三年五月廿二日

奉天交涉司韩国钧

总领事小池张造

大仓喜八郎

附录4：
《中日合办本溪湖煤矿有限公司合同附加条款》

奉天交涉司现奉东三省总督委派，特与日商大仓喜八郎订立本溪湖煤矿有限公司合同附加条款如下：

第一款　此附加条款得中国政府批准后方能作为有效，"本溪湖煤矿有限公司"亦即改称："本溪湖煤铁有限公司"，兼办采铁、制铁事宜。

第二款　中国政府允准本公司增加资本北洋大龙元贰百万元，中日商人各出其半，照左列数目分年按期支出交付公司。

宣统四年三月初一日陆拾万元

宣统五年三月初一日捌拾万元

宣统六年三月初一日陆拾万元

中国商股未招集时，可由中国政府先付续招；日本国商股由大仓担任。

第三款　中国政府为发达本公司起见，允将庙儿沟铁矿不作为权利股本，但须于每制铁一吨提银二钱，为中国国家办理矿务学堂等用。此款储存公司，俟营业发达时再行提支（以能付官利为发达之期）。

第四款　铁苗出井税。每吨缴纳库平银一钱；海关出口税照海关税则交纳；其他均照原合同第九款办理。

第五款　地方附加税，本公司按照地方自治章程纳出井税十分之一。

第六款　公司开采庙儿沟铁矿之区域，按照原合同第十二款办理。

第七款　公司用人除主事、事务员、技手、职工头以上人员概照原合同办理外，其他各项职工、工人、矿夫头、矿夫为工价低廉起见，概用中国人。

第八款　附加条款应与原合同有同一之效力。凡未经附加条款声明者，如分配余利、使用土地及其他事项，概照原合同办理。

第九款　此附加条款签印后，应由两总办将事务总则、细则改正，呈候督办核定，报明总督批准遵办。

第十款　此附加条款仍以中日两国文字缮写五份，附加原合同之后，照原合同第十五款分别存案。以后遇有误解，专以中文字意为凭。

宣统三年八月十五日

明治四十四年十月初六日

奉天交涉司许鼎霖

总领事小池张造

大仓喜八郎

附录5：

《公司第一次改组准备委员会名单》（1935年）

委员长	陈悟	伪满实业部矿物司长
委员	大幸喜三郎	关东军参谋部第三课陆军炮兵中佐
委员	是安正利	关东军参谋部第三课嘱托
委员	田中恭	伪满财政部理财司长
委员	椎名悦三郎	伪满实业部统制科长
委员	高木佐吉	伪满实业部矿物司矿政科长
委员	岛冈亮太郎	大仓矿业会长
委员	梶山又吉	本溪湖煤铁公司总办
委员	日高长次郎	大仓矿业

附录6：

《第一次改组后的公司理事人选》（1935年9月20日）

理事长	梶山又吉	原煤铁公司总办
副理事长	张维垣	奉天电车厂长
常务理事	高桥岩太郎	大仓矿业董事
理事	日高长次郎	大仓矿业
理事	大崎新吉	大仓矿业常务董事
理事	胡宗瀛	伪满财政部秘书科长
理事	广轮	伪满新京在勤热河警备军陆军少将
监事	岛冈亮太郎	大仓矿业会长
监事	宋文郁	前伪满滨江市长

附录 7：

《第二次改组后的公司理事人选》（1939 年 5 月 25 日）

理事长	大崎新吉	大仓
常务理事	高桥岩太郎	大仓
理事	井门文三	大仓
理事	山本福三郎	大仓
理事	林狷之介	大仓
理事	大内穰	大仓
理事	鲇川义介	满业
理事	矢野美章	满业
理事	永积纯次郎	满业
理事	胡宗瀛	伪满政府
理事	广轮	伪满政府
监事	岛冈亮太郎	大仓
监事	斋藤靖彦	满业
监事	张维垣	伪满政府

附录8：

《第三次改组后的公司理事人选》（1941年12月30日）

理事长	岛冈亮太郎
常务理事	□山藏六
理事	井门文三
理事	大内穰
理事	守屋逸男
理事	大贯经次
理事	高崎达之助
理事	矢野耕治
理事	尚志
理事	寿聿彰
理事	八木闻一
监事	张维垣
监事	斋藤靖彦
监事	高桥岩太郎
顾问	古川淳三

附录9：

东北和内蒙古的企业　　　（单位：千日元）

年份	纯日本企业 资本	中日合办企业 日本资本	中国资本
1906	105105	—	—
1907	105664	637	363
1908	107323	1127	613
1909	107889	1108	632
1910	108129	1110	630
1911	111951	1556	594
1912	123220	1556	594
1913	13747	2138	612
1914	142798	2042	520
1915	150025	2550	425
1916	164147	2813	674
1917	187092	4580	782
1918	225140	9371	1170
1919	326359	18417	2733
1920	502826	40751	5881
1921	517380	41351	5042
1922	535873	43398	5344
1923	554477	42675	4939
1924	546726	41013	5056
1925	569763	43470	4827
1926	586321	36390	4222

附录10：

《中日合办时期本溪湖煤铁有限公司历任总办一览表》

年份	中国总办	日本总办
1910	巢凤岗	岛冈亮太郎
1911	吴鼎昌—管凤和	岛冈亮太郎
1912	葆真	岛冈亮太郎
1913	赵臣翼	岛冈亮太郎
1914	赵臣翼	岛冈亮太郎
1915	王宰善	岛冈亮太郎
1916	王宰善	岛冈亮太郎
1917	谈国楫	岛冈亮太郎
1918	谈国楫	岛冈亮太郎
1919	谈国楫	岛冈亮太郎
1920	谈国楫	岛冈亮太郎
1921	谈国楫	岩濑德藏
1922	谈国楫	岩濑德藏
1923	谈国楫	岩濑德藏
1924	谈国楫	岩濑德藏
1925	谈国楫	岩濑德藏
1926	谈国楫	岩濑德藏
1927	李友兰	岩濑德藏—鲛岛宗平
1928	周大文	鲛岛宗平
1929	周大文	鲛岛宗平
1930	李友兰	鲛岛宗平
1931	李友兰	鲛岛宗平

附录11：

《出席公司股东总会人员一览表》（1911—1930年）

开会时间	日本股东	中国股东	督办
1911.9.23	大仓喜八郎	—	许鼎霖（奉天交涉司）
1913.1.17	大仓喜八郎	—	于冲汉（奉天交涉司）
1914.2.10	门野重九郎	—	于冲汉（外交部特派奉天交涉员）
1915.1.8	大仓喜八郎	史纪常（奉天巡安署政务厅长）	—
1916.2.18	大仓喜七郎	张厚（奉天巡安署财政厅长）	马廷亮（外交部特派奉天交涉员）
1917.2.5	大仓喜七郎	王树翰（奉天巡安署财政）	马廷亮（外交部特派奉天交涉司）
1918.6.23	大仓喜八郎	王永江（奉天财政厅长）	关海清（外交部特派奉天交涉员）
1919.11.7	河野久太郎	王永江（奉天财政厅长）	关海清（外交部特派奉天交涉员）
1920.5.31	河野久太郎	王永江（奉天财政厅长）	关海清（外交部特派奉天交涉员）
1922.1.11	河野久太郎	高疏衡（王永江代理）	佟兆远（外交部特派奉天交涉署长）
1923.4.16	河野久太郎	高疏衡（王永江代理）	史纪常（外交部特派奉天交涉署长）
1924.4.19	河野久太郎	高疏衡（王永江代理）	钟世铭（外交部特派奉天交涉署长）
1925.4.27	河野久太郎	高疏衡（王永江代理）	高清和（外交部特派东三省交涉总署长）
1926.12.3	河野久太郎	高疏衡（奉天财政厅长莫德惠代理）	高清和（外交部特派东三省交涉总署长）
1927.8.2	河野久太郎	高疏衡（奉天财政厅长莫德惠代理）	高清和（外交部特派东三省交涉总署长）
1928.6.1	河野久太郎	王家鼎（中国股东代表人）	高清和（外交部特派奉天交涉员）
1929.4.8	河野久太郎	张振鹭（奉天财政厅长）	王镜寰（辽宁交涉署长）
1930.4.19	川本静夫	张振鹭（中国股东代表）	王镜寰（辽宁交涉署长）

附录 12：

《矿业条例施行细则第七条》（1914年3月31日）

依矿业条例第四条之规定，中华民国人民与外国人民合股办矿，应先将合同草案呈由矿务监督署长转呈农商总长核准，方可签订其合同，应载之条件如下：

（一）依矿业条例第五条规定之代表人须以中华民国人民充之；

（二）公司各项重要职员，须中外各派一人充之；

（三）凡应行事务均由中外两经理人会商办理；

（四）所有各项工程以及支付款项，须由中外两经理人商妥签字后方可举行；

（五）对于矿业管理上之一切程序及其他行为，须遵照矿业条例及本细则并关系诸法令办理；

（六）所有工人概用中华民国人民；

（七）公司除开办矿业外不得兼营他项事业；

（八）合办之期以若干年为限期，期满时如不续订合同，即将所有物产秉公作价折售，其售得价项，中外人民按股均分，公司即得解散，所有该公司取得之矿业权及其他权利，均同时消灭；

（九）合同以中外文字各缮四份，以二份呈农商总长及矿务监督署长立案，二份由中外股东分执之，遇有误解时，专以中文字意为凭。

参考文献

一 档案与资料汇编

八木元八、大崎新吉:《木材买卖契约书》,本溪市档案馆 1939 年版。

本钢画册编辑部:《本钢画册（1905—1989）》,辽宁人民出版社 1990 年版。

本溪湖采炭所:《检炭规则》,本溪市档案馆,时间不详。

朝鲜银行调查室:《海外银行一斑》,首尔:朝鲜银行出版会 1915 年版。

陈真:《中国近代工业史资料》,生活·读书·新知三联书店 1961 年版。

大崎新吉、田村圆纯、古屋荣作:《契约书》,本溪市档案馆 1940 年版。

丰田贞次郎、岛冈亮太郎:『燃料節約運動ニ關スル件』,本溪市档案馆 1925 年版。

公司保险科:《岩川保险卡》,本溪市档案馆,时间不详。

■ 二十世纪前期日资在华企业的演变

公司秘书处：《通知》，本溪市档案馆1939年版。

谷川善次郎、梶山又吉：《商办本溪湖煤铁有限公司与满洲电业股份有限公司契约书》，本溪市档案馆1935年版。

机械课：《株式会社本溪湖煤铁公司应急防控队要员连名簿》，本溪市档案馆，时间不详。

近卫笃麿日记刊行会：《近卫笃麿日记》，（东京）鹿岛研究所出版会1969年版。

林金枝：《近代华侨投资国内企业史资料选辑（上海卷）》，厦门大学出版社1994年版。

林金枝、庄为玑：《近代华侨投资国内企业史资料选辑（福建卷）》，福建人民出版社1985年版。

林金枝、庄为玑：《近代华侨投资国内企业史资料选辑（广东卷）》，福建人民出版社1989年版。

刘绍昇等：《西上坡子升窑沟处原山主刘姓家族与本溪煤铁公司契约书》，本溪市档案馆，时间不详。

刘王书：《土地让渡字据》，本溪市档案馆1941年版。

刘振川：《土地买卖契约书》，本溪市档案馆1905年版。

刘振川：《永远租借契约》，本溪市档案馆1905年版。

吕荣寰、大仓喜七郎：《本溪湖煤铁股份有限公司设立的相关契约条项中有关修整的文件》，本溪市档案馆1939年版。

满铁调查部：《满洲产业统制政策的变化及特殊会社的特质》，满铁调查部1938年版。

满铁调查部：《昭和十六年度综合调查报告书》，满铁调查部1941年版。

满业铁钢工务部：《宫原工厂扩张设备配置计划案》，本溪市档案馆 1942 年版。

南满洲铁道株式会社庶务部调查课：《本溪湖碱厂间铁道调查报告书》，内部资料，1928 年。

裴庆芝、裴华春：《土地买卖契约书》，本溪市档案馆 1944 年版。

彭泽益：《中国近代手工业史资料（1840—1949）》，中华书局 1962 年版。

阮振铎：《矿业警察规则》，本溪市档案馆 1943 年版。

三上宪之助：《建筑物使用许可证》，本溪市档案馆 1944 年版。

三上宪之助、田中藤作：《买却土地代金纳入方通知件》，本溪市档案馆 1945 年版。

商办本溪湖煤铁公司：《商办本溪湖煤铁公司写真帖》，内部资料，1930 年。

商办本溪湖煤铁有限公司：《商办本溪湖煤铁有限公司创立十周年纪念写真贴》，内部资料，1920 年。

沈家五：《张謇农商总长任期经济资料选编》，南京大学出版社 1987 年版。

式村茂等：《西上坡子、三尖泡子和三道林子与大仓组安东县出张所执事人式村茂合同书》，本溪市档案馆 1905 年版。

田村和子：《住所变更□》，本溪市档案馆 1943 年版。

田中龟藏、株式会社本溪湖煤铁公司：《卖渡证书》，本溪市档案馆，时间不详。

王铁崖：《中外旧约章汇编》，生活·读书·新知三联书店 1957 年版。

梶山又吉、福井米次郎：《本溪湖煤铁股份有限公司与大连市福井商工株式会社契约书》，本溪市档案馆 1938 年版。

梶山又吉、武部治右：《本溪湖煤铁股份有限公司与日满商事株式会社委托贩卖契约书》，本溪市档案馆1937年版。

梶山又吉、原孝次、加藤真利：《本溪湖煤铁股份有限公司五年计划增产施设工事委托契约书》，本溪市档案馆1937年版。

梶山又吉、张鸿飞、颜日暄：《株式会社本溪湖煤铁公司与海城县张鸿飞、盖平县颜日暄合作经营矿业契约书》，本溪市档案馆1936年版。

武井大助、大崎新吉、岛冈亮太郎：《本溪湖纯铣铁契约书》，本溪市档案馆1939年版。

铣铁部：《警护计划残置灯调查书》，本溪市档案馆1941年版。

铣铁部制铣课：《制铣课辅助消防班编成表》，本溪市档案馆1944年版。

许涤新、吴承明：《中国资本主义发展史》，社会科学文献出版社2007年版。

严中平：《中国近代经济史统计资料选辑》，科学出版社1955年版。

虞和寅：《本溪湖煤铁公司报告》，农商部矿政司刊行，1926年。

虞和寅：《奉天本溪湖煤矿调查报告书》，出版地、出版机构不详，1928年版。

张景禄等：《大照》，本溪市档案馆1920年版。

赵亮等：《永远租借契约条规》，本溪市档案馆1905年版。

正金银行：《横滨正金银行史附录》，西田书店1976年版。

植田取缔役、荒木取缔役：《溪城炭矿株式会社职制口人事一览表》，本溪市档案馆，时间不详。

周大文、鲛岛宗平：《本溪湖煤铁有限公司附属医院火灾号外》，本溪市档案馆1929年版。

株式会社本溪湖煤铁公司、本溪湖洋灰株式会社：《昭和拾四年度石灰石单价改定ニ关スル串合ヤ》，本溪市档案馆 1939 年版。

祝瀛元等：《奉天借款契约书》，本溪市档案馆 1905 年版。

祝瀛元等：《借款副合同》，本溪市档案馆 1914 年版。

总务科警务系、负伤系：《负伤报告》，本溪市档案馆 1937 年版。

佚名：《1923 年辽阳、本溪湖、抚顺三地征用矿工数量统计表》，关东厅关东长官官房文书课 1924 年版。

佚名：《包工作业一切摘要》，本溪市档案馆 1929 年版。

佚名：《本公司关于牛心台煤矿建筑物用地的请示》，本溪市档案馆，时间不详。

佚名：《本溪湖煤铁公司宫原工厂建设工事从事员下请人一览表》，本溪市档案馆 1939 年版。

佚名：《本溪湖煤铁有限公司工作人员徽章规定》，本溪市档案馆 1941 年版。

佚名：《本溪湖洋灰株式会社卖却土地代金明细书》，本溪市档案馆 1945 年版。

佚名：《本溪湖作业所铣铁部机械课防护体制》，本溪市档案馆，时间不详。

佚名：《裁决申请事件记录》，本溪市档案馆 1941 年版。

佚名：《第二区防护团编成表》，本溪市档案馆，时间不详。

佚名：《第五届定期股东大会议题》，本溪市档案馆 1939 年版。

佚名：《工人（国民勤劳奉公义务免除适格者）调查书》，本溪市档案馆 1944 年版。

佚名：《国民勤劳奉公法》，本溪市档案馆，时间不详。

佚名：《红脸沟轻便路占用民有地皮租金明细表》，本溪市档案馆

1937年版。

佚名：《临时制铁设备调查委员会名簿》，本溪市档案馆，时间不详。

佚名：《满洲、正金银行支票存根》，本溪市档案馆，时间不详。

佚名：《满洲国奉天省本溪县本溪湖煤铁股份有限公司与奉天市大东关买卖契约书》，本溪市档案馆1936年版。

佚名：《特殊钢工厂设备目录》，本溪市档案馆，时间不详。

佚名：《铣铁部防卫委员会编成表》，本溪市档案馆1941年版。

佚名：《协和义勇奉公队煤铁公司第二区队队员总名簿》，本溪市档案馆，时间不详。

佚名：《鸭绿江采木公司与本溪湖煤铁公司木材买卖契约书》，本溪市档案馆1939年版。

佚名：《员工出勤及休假规定》，本溪市档案馆1941年版。

佚名：《制钢及钢材工厂计划并本年度所要重要资材》，本溪市档案馆1942年版。

二　民国报刊

佚名：《本溪湖矿潮惨剧史》，《国闻周报》1927年第39期。

佚名：《本溪湖矿务》，《财政经济杂志》1914年第1期。

佚名：《本溪湖历年煤斤产额表》，《安徽建设》1930年第16期。

佚名：《本溪湖煤矿最近状况》，《矿业周报》1930年第113期。

佚名：《本溪湖煤铁公司华员被逐》，《矿业周报》1931年第165期。

佚名：《本溪湖煤铁公司之调查：采煤法》，《河南中原煤矿公司汇刊》1931年第3期。

佚名：《本溪湖煤铁公司之调查：工作次序》，《河南中原煤矿公司汇刊》1931年第3期。

参考文献

佚名：《本溪湖煤铁公司最近风潮纪实：被工人用石子击毁之选煤场摄影》，《矿冶》1927年第2期。

佚名：《本溪湖煤铁矿陈医师被日人强灌煤油勒毙》，《矿业周报》1931年第169期。

佚名：《本溪湖煤铁生产：工源工厂全景照片》，《世界画报》1948年第1期。

佚名：《本溪湖煤铁生产：入井之前的矿工》，《世界画报》1948年第1期。

佚名：《本溪湖煤铁生产：月产水泥四千吨水泥厂内部照片》，《世界画报》1948年第1期。

佚名：《本溪湖铁矿》，《中国抗战画史》1947年第5期。

佚名：《第七次中国矿业纪要：各省矿业近况》，《地质专报》1945年。

佚名：《调查：奉天本溪湖矿产之调查（附表）》，《矿业联合会季刊》1923年第3期。

佚名：《调查：奉天本溪湖矿产之概况》，《矿业联合会季刊》1924年第5期。

佚名：《奉天本溪湖矿产之概况调查》，《矿业联合会季刊》1924年第5期。

佚名：《各省纪事：本溪湖煤铁公司之获利》，《安徽实业杂志》1919年第30期。

佚名：《各省重要铁矿分论：东三省：本溪湖附近各小矿》，《地质专报》1921年。

佚名：《公司消息·大仓事业公司》，《商业旬刊》1939年第2期。

佚名：《国内经济事情：本溪湖煤铁公司状况（合同有效期尚有十

年，产煤销东省铁销日本)》，《工商半月刊》1930 年第 13 期。

佚名：《海防与本溪湖矿惨剧》，《国闻周报》1927 年第 34 期。

佚名：《海内外事业：本溪湖煤税尚待提议》，《华商联合会报》1920 年第 7 期。

佚名：《矿厂通讯：本溪湖煤铁公司全体华员被日人压迫离职情形》，《矿业周报》1931 年第 168 期。

佚名：《矿政交涉：本溪湖煤矿交涉》，《外交报》1920 年第 7 期。

佚名：《辽宁矿厂参观补纪：本溪湖矿产》，《建设（南京1928）》1929 年第 5 期。

佚名：《辽宁省教育厅训令：呈省政府为遵令拟考核省立本溪湖矿冶专科学校办法》，《辽宁教育公报》1931 年第 31 期。

佚名：《辽省府对于中日合办本溪湖煤铁公司租地之慎重》，《矿业周报》1930 年第 81 期。

佚名：《清理后之本溪湖煤矿矿区》，《矿业周报》1929 年第 73 期。

佚名：《四年前本溪湖煤矿惨案》，《导报》1946 年第 12 期。

佚名：《中国大事记（民国八年三月十一日）：奉天本溪湖煤矿火灾》，《东方杂志》1919 年第 4 期。

佚名：《中国时事汇录：记本溪湖煤矿交涉之结果》，《东方杂志》1910 年第 7 期。

佚名：《中国之矿产：本溪湖煤矿运煤法》，《东方杂志》1917 年第 9 期。

澂瑜：《纪本溪湖》，《大亚画报》1929 年第 163 期。

［日］吉光片羽：《本溪湖城厂间矿产》，《矿业周报》1929 年第 49 期。

［日］加藤一：《满洲重工业地理条件：本溪湖制铁地带》，《国民

新闻周刊》1942年第53期。

马底幼：《奉天本溪湖煤田之地质时代（节译）》，《地质汇报》1924年第6期。

王清：《本溪湖煤铁公司铁矿磁选工程之设备及其作业成绩》，《建设（南京1928）》1934年第15期。

王昭章：《本溪湖煤铁公司制铁工作概况》，《矿冶》1929年第10期。

徐梗生：《本溪湖之煤铁》，《新经济》1942年第1期。

张全良：《赴安奉线本溪湖二首》，《同轨》1935年第2期。

周而复：《本溪湖》，《新文化半月刊》1946年第6期。

三　志书

《百年机修》编委会：《百年机修：纪念本钢第一机修厂建厂100周年（1910.5—2010.5）》，内部资料，2010年。

《本钢焦化厂志》编委会：《本钢焦化厂志》，内部资料，1989年。

《本钢史》编写组：《本钢史》，辽宁人民出版社1985年版。

本钢史办公室编：《本钢志》，辽宁人民出版社1989年版。

本钢运输部志编纂委员会：《本钢运输部志（1905—1985）》，内部资料，1990年。

本溪市总工会工运史编写办公室：《本溪工人反帝大风暴——1927年本溪湖煤铁公司"八·二三"大罢工》，内部资料，1985年。

［日］大桥秀治：《满洲矿工年鉴》，满洲日日新闻社1941年版。

解学诗、张克良：《鞍钢史》，冶金工业出版社1984年版。

潘喜廷等：《红色的矿山——本溪煤矿史》，辽宁人民出版社1962年版。

《兴京县志》，民国十四年影印本。

宣统《怀仁县志》，宣统元年抄本。

院志编纂委员会：《本钢职工总医院志（1916—1985）》，内部资料，1984年。

四　著作

安藤良雄：『日本経済政策の史論』，东京大学出版会1976年版。

本钢史志编纂委员会：《本溪煤铁公司与大仓财阀》，内部资料，1988年。

［日］草柳大藏：《满铁调查部内幕》，刘耀武等译，黑龙江人民出版社1982年版。

陈慈玉：《连续与断裂——近代台湾产业与贸易研究》，上海人民出版社2014年版。

陈觉：《"九·一八"后国难痛史》，辽宁教育出版社1991年版。

陈其田：《山西票庄考略》，商务印书馆1937年版。

程维荣：《旅大租借地史》，上海社会科学院出版社2012年版。

大仓财阀研究会：『大倉財閥の研究・大倉と大陸』，东京：近藤出版社1982年版。

大清银行清理处：《大清银行史》，大清银行清理处1915年版。

大山梓：『日露戦争の軍政史録』，芙蓉书房1973年版。

杜维运：《史学方法论》，北京大学出版社2006年版。

杜恂诚：《日本在旧中国的投资》，上海社会科学院出版社1986年版。

梵亢、宋则行主编：《外国经济史》，人民出版社1982年版。

［美］高家龙：《大公司与关系网：中国境内的西方、日本和华商

大企业（1880—1937）》，程麟荪译，上海社会科学院出版社 2002 年版。

郭予庆：《近代日本银行在华金融活动——横滨正金银行》，人民出版社 2007 年版。

韩清海：《中国企业史·台湾卷》，企业管理出版社 2003 年版。

韩岫岚：《中国企业史·现代卷》（上），企业管理出版社 2002 年版。

何天义主编：《伪满劳工血泪史》，新华出版社 1995 年版。

黄逸平、虞宝棠：《北洋政府时期经济》，上海社会科学院出版社 1995 年版。

江晓美：《财阀的魔杖——日本金融战役史》，中国科学技术出版社 2010 年版。

解学诗：《隔世遗思——评满铁调查部》，人民出版社 2003 年版。

解学诗：《历史的毒瘤——伪满政权兴亡》，广西师范大学出版社 1993 年版。

解学诗：《伪满洲国史新编》，人民出版社 2008 年版。

孔经纬：《东北经济史》，四川人民出版社 1986 年版。

孔经纬：《清代东北地区经济史》，黑龙江人民出版社 1990 年版。

孔经纬：《新编中国东北地区经济史》，吉林教育出版社 1994 年版。

孔经纬：《中国工商业史上的几个问题》，辽宁人民出版社 1957 年版。

［美］雷麦：《外人在华投资论》，蒋学楷、赵康节译，商务印书馆 1937 年版。

李秉刚：《万人坑——千万冤魂在呼唤》，中华书局 2005 年版。

李秉刚、高嵩峰、权芳敏：《日本在东北奴役劳工调查研究》，社会科学文献出版社 2009 年版。

李秉刚主编：《日本侵华时期辽宁万人坑调查》，社会科学文献出版社 2004 年版。

李康华、夏秀瑞、顾若增：《中国对外贸易史简论》，对外贸易出版社 1981 年版。

李治亭主编：《东北通史》，中州古籍出版社 2003 年版。

刘海燕：《中国企业史·典型企业卷》（上、中、下），企业管理出版社 2002 年版。

刘玉操：《日本金融制度》，中国金融出版社 1992 年版。

宓汝成：《帝国主义与中国铁路（1847—1949）》，上海人民出版社 1980 年版。

潘子豪：《中国钱庄概要》，上海书店 1931 年版。

庞宝庆：《近代日本金融政策史稿》，吉林大学出版社 2010 年版。

沈祖炜：《近代中国企业：制度和发展》，上海社会科学院出版社 1999 年版。

［日］守屋典郎：《日本经济史》，周锡卿译，生活·读书·新知三联书店 1963 年版。

苏崇民、李作权、姜璧洁：《劳工的血与泪》，中国大百科全书出版社 1995 年版。

王承礼主编：《中国东北沦陷十四年史纲要》，中国大百科全书出版社 1991 年版。

王处辉：《中国近代企业组织形态的变迁》，天津人民出版社 2001 年版。

王魁喜等：《近代东北人民革命斗争史》，吉林人民出版社 1984 年版。

王魁喜等：《近代东北史》，黑龙江人民出版社 1984 年版。

王希亮：《大地怒火——中国东北特殊工人抗暴记》，黑龙江人民出版社2003年版。

王芸生：《六十年来中国与日本》，生活·读书·新知三联书店1980年版。

王志莘：《中国之储蓄银行史》，生活书店1934年版。

卫聚贤：《山西票号史》，说文社1944年版。

吴承明：《帝国主义在旧中国的投资》，人民出版社1955年版。

徐梗生：《中日合办煤铁矿业史话》，商务印书馆1946年版。

徐广宇：《1904—1905，洋镜头里的日俄战争》，福建教育出版社2009年版。

许涤新：《中国国民经济的变革》，中国社会科学出版社1982年版。

杨余练等：《清代东北史》，辽宁教育出版社1991年版。

[日]伊豆公夫：《日本小史》，杨辉译，湖北人民出版社1956年版。

[日]依田憙家：《日本帝国主义研究》，卞立强等译，上海远东出版社2004年版。

张雁深：《日本利用所谓"合办事业"侵华的历史》，生活·读书·新知三联书店1958年版。

张用刚：《中国企业史·现代卷》（下），企业管理出版社2002年版。

张用刚：《中国企业史·现代卷》（中），企业管理出版社2002年版。

张忠民：《艰难的变迁：中国近代公司制度研究》，上海社会科学院出版社2001年版。

张忠民、陆兴龙、李一翔主编：《近代中国社会环境与企业发展》，上海社会科学院出版社2008年版。

张忠民、陆兴龙主编：《企业发展中的制度变迁》，上海社会科学院出版社 2003 年版。

郑学稼：《日本财阀史论》，生活书店 1936 年版。

郑学檬：《中国企业史·古代卷》，企业管理出版社 2002 年版。

中国科学院吉林省分院历史所、吉林师范大学历史系编：《近代东北人民革命运动史》，吉林人民出版社 1960 年版。

中央档案馆：《伪满傀儡政权》，中华书局 1994 年版。

五　论文

步平：《东北边疆开发与近现代化进程》，《学习与探索》1993 年第 3 期。

曹均伟：《近代利用外资与中外合资企业》，《学术月刊》1989 年第 9 期。

曹均伟：《论近代中国利用外资》，《上海社会科学院学术季刊》1992 年第 1 期。

陈勇勤：《〈"满洲国"的终结〉披露的日本"开发满洲产业"》，《长白学刊》2007 年第 2 期。

戴一峰：《区域史研究的困惑：方法论与范畴论》，《天津社会科学》2010 年第 1 期。

邓红洲：《张之洞"从缓""从速"立宪论》，《近代史研究》1998 年第 3 期。

杜恂诚：《旧中国的中日合办企业》，《学术月刊》1982 年第 7 期。

杜恂诚：《日本在旧中国投资的几个特点》，《学术月刊》1984 年第 7 期。

付丽颖：《伪满洲国初期的对外贸易》，《外国问题研究》2011 年第 4 期。

付丽颖、孙汉杰:《日元扩张与伪满货币制度的建立》,《外国问题研究》2012 年第 3 期。

傅笑枫:《清末日本在中国东北的工矿业投资》,《现代日本经济》1989 年第 5 期。

高晓燕:《浅析伪满的"协和义勇奉公队"》,《北方文物》2002 年第 3 期。

皇甫秋实:《"网络"视野中的中国企业史研究述评》,《史林》2010 年第 1 期。

柯绛、杨立:《1942 年前日本在华工矿业资产之调查统计》,《民国档案》1991 年第 3 期。

孔祥贤、张毓昌:《十月革命后日本在吉黑地区的金融扩张和中国当局的对策》,《民国档案》1988 年第 3 期。

李培德:《香港企业史研究概览》,《史林》2008 年第 2 期。

李雨桐:《"九一八"事变前日本对东北煤炭的觊觎》,《外国问题研究》2014 年第 2 期。

李玉:《试论清末的中外合资公司》,《天府新论》1997 年第 3 期。

李玉:《中国近代企业史研究概述》,《史学月刊》2004 年第 4 期。

刘万东:《1905—1945 年日本侵略者对我国东北煤炭资源的掠夺》,《辽宁大学学报》(哲学社会科学版) 1987 年第 6 期。

刘万东:《从本溪湖煤铁公司看日本帝国主义对我国东北的经济侵略》,《辽宁大学学报》(哲学社会科学版) 1982 年第 2 期。

陆兴龙:《研究企业历史推动企业发展——〈中国企业史资料研究中心〉简介》,《上海经济研究》1992 年第 3 期。

欧阳军喜:《20 世纪 30 年代两种中国近代史话语之比较》,《近代史研究》2002 年第 2 期。

汪慕恒:《〈近代华侨投资国内企业史资料选辑(福建卷)〉一书简评》,《南洋问题》1986 年第 1 期。

夏南林:《〈近代华侨投资国内企业史资料选辑(广东卷)〉一书出版》,《华侨华人历史研究》1990 年第 3 期。

薛世孝:《"万人坑"——日本残杀中国矿工的铁证》,《河南理工大学学报》(社会科学版)2013 年第 4 期。

阎振民:《伪满本溪湖煤矿大爆炸遇难矿工数目辨析》,《辽宁师范大学学报》(社会科学版)2003 年第 6 期。

张伟东:《近代中国企业研究的回顾与前瞻》,《生产力研究》2013 年第 12 期。

张祖国:《二十世纪上半叶日本在中国大陆的国策会社》,《历史研究》1986 年第 6 期。

庄严、赵朗:《日本财阀资本对东北经济的渗透与侵略》,《齐齐哈尔师范学院学报》(哲学社会科学版)1995 年第 5 期。

致　　谢

　　时至今日，美好的博士学习时光即将过去，时间不复，想不出任何词汇来形容此时的心情。我出生于东北的一个小山城——本溪。小时候的时光总是那么快乐，每天可以无忧无虑地玩耍，凭借着些许小聪明自己的学习从来没有让家人担心过。转眼，我升入了初中，周围一切都悄然地发生着变化。我开始对一切学习都变得吃力起来，心情愈加地变得急躁。从那时开始，我的人生观也开始形成，对凡事都漠不关心的我也曾规划自己的人生，但发现坚持和执着真的很难，而且往往得不到好的效果。这种状态一直持续着，我在中学时代一直从众着，随波逐流。到了大学，像大多数的同学一样，虽然进了一所不理想的学校，但终究是摆脱了家人的束缚和中学老师严格的管理。

　　匆匆那些年，转眼就到了大四，一脸错愕的我不知应该如何走向自己人生下一站。于是，再次从众选择考研，但作为外语系学生的我，对本专业毫无兴趣，于是转向了喜爱的历史专业。三年的硕士生活收获有限，行将结束之时，在恩师金星教授的鼓励下报考博士，并幸运被录取，并成为历史系当年唯一考取博士的毕业生。进入美丽的厦大学习是多少学子所梦寐以求的，更加幸运的是，在厦大我结识了恩师钞晓鸿教授。钞师的认真勤奋，对学术的孜孜追求，都令我倍感振奋，同时也因自己勤奋不够而深怀内疚。钞师在学习上对我关怀备至，带我一个学生，却付出了教授几个学生的精力，他拖着病弱身体为我修改论文的情形让我终生难忘。

在厦大这个大家庭中，同窗好友慧林、玄博、嘉林、换宇、凤仙、涂丹等让我倍感温暖，同门的兄弟姐妹们更是亲密无间，尤其和许博、王楠、盛承、星辉、龚君、海丽交往最多，认识你们是我的幸运。感谢的话很多很多，但此时，我只想鼓励自己用实际行动在未来为钞门、历史系、厦大争光。

周 飞

2015 年 5 月 22 日于厦大海滨公寓

后　记

　　几个月以来和编辑人员不停商讨，拙文即将遽付梓印。内心来讲是有着满满的期待，但更多的是惶恐。半路出家转学历史专业，硕博七年的耳濡目染更加浓厚了对历史学的兴趣，但也愈来愈知道这一学问研究之难、研究之苦。不知圭臬如何？不知藩篱在哪里？更多时候是站在学界大门之外搔首踟蹰，希冀可以发覆一些新史料，最终在家乡的公藏机构发现了有关本溪湖煤铁公司的档案材料，结合前贤时彦的研究成果就有了小文。

　　感谢本科阶段包成立、王英宏、李素荣、李文忠、梁学立、郭兴胜等老师，是你们让我知道了大学为何物，何为感恩；感谢硕士阶段谢本书、汤明珠、郭飞平、庞海红等老师，耐心的指导，不断的宽容是我学习的榜样。尤其是导师金星教授在学习和生活上给予的不断帮助，至今我仍然受惠；感谢博士阶段陈支平、郑振满、戴一峰、张侃等老师对拙文指导和精彩授课，让我感受到了学术百家所长。特别感谢导师钞晓鸿教授，您对我的影响是多方面的：在您的身上我看到了知识改变了一个人命运，让我懂得无论何时何地人都要有一种向上的力量。我也感受到一个人艰辛地追求学术原来可以是那么的有意义。无论何时何地，您永远都是我研究道路上的楷模。相信通过不断的积累，学术方面素养付之阙如的情形会有所改变，一切会越来越好。

最后感谢中国社会科学出版社张浩编辑及其同人，是你们对拙文的不断付出才使我的处女作问世。

周　飞

辽宁锦州

2016 年 8 月 16 日